새로운 도서
다양한 자료
동양북스
홈페이지에서
만나보세요!

www.dongyangbooks.com
m.dongyangbooks.com

KB176283

홈페이지 도서 자료실에서 학습자료 및 MP3 무료 다운로드

PC

❶ 홈페이지 접속 후 **도서 자료실** 클릭
❷ **하단 검색 창**에 검색어 입력
❸ MP3, 정답과 해설, 부가자료 등 첨부파일 다운로드

* 원하는 자료가 없는 경우 '요청하기' 클릭!

MOBILE

* 반드시 '인터넷, Safari, Chrome' App을 이용하여 홈페이지에 접속해주세요. (네이버, 다음 App 이용 시 첨부파일의 확장자명이 변경되어 저장되는 오류가 발생할 수 있습니다.)

❶ 홈페이지 접속 후 ☰ 터치

❷ **도서 자료실** 터치

❸ 하단 검색창에 검색어 입력
❹ MP3, 정답과 해설, 부가자료 등 첨부파일 다운로드

* 압축 해제 방법은 '다운로드 Tip' 참고

미래와 통하는 책

가장 쉬운 독학
일본어 첫걸음
14,000원

버전업! 굿모닝
독학 일본어 첫걸음
14,500원

일단 합격하고 오겠습니다
JLPT 일본어능력시험 N3
26,000원

일본어 100문장 암기하고
왕초보 탈출하기
13,500원

가장 쉬운 독학
중국어 첫걸음
14,000원

가장 쉬운 중국어
첫걸음의 모든 것
14,500원

일단 합격 新HSK
한 권이면 끝! 4급
24,000원

중국어
지금 시작해
14,500원

영어를 해석하지 않고
읽는 법
15,500원

미국식
영작문 수업
14,500원

세상에서 제일 쉬운
10문장 영어회화
13,500원

영어회화
순간패턴 200
14,500원

가장 쉬운 독학
베트남어 첫걸음
15,000원

가장 쉬운 독학
프랑스어 첫걸음
16,500원

가장 쉬운 독학
스페인어 첫걸음
15,000원

가장 쉬운 독학
독일어 첫걸음
17,000원

동양북스 베스트 도서

THE
GOAL 1
22,000원

인스타
브레인
15,000원

직장인, 100만 원으로
주식투자 하기
17,500원

당신의 어린 시절이
울고 있다
13,800원

놀면서 스마트해지는 두뇌 자극
플레이북 딴짓거리 EASY
12,500원

죽기 전까지
병원 갈 일 없는 스트레칭
13,500원

가장 쉬운 독학
이세돌 바둑 첫걸음
16,500원

누가 봐도 괜찮은 손글씨 쓰는
법을 하나씩 하나씩 알기 쉽게
13,500원

가장 쉬운 초등 필수 파닉스
하루 한 장의 기적
14,000원

가장 쉬운 알파벳 쓰기
하루 한 장의 기적
12,000원

가장 쉬운 영어 발음기호
하루 한 장의 기적
12,500원

가장 쉬운 초등한자 따라쓰기
하루 한 장의 기적
9,500원

세상에서 제일 쉬운
엄마표 생활영어
12,500원

세상에서 제일 쉬운
엄마표 영어놀이
13,500원

창의쑥쑥 환이맘의
엄마표 놀이육아
14,500원

동양북스
www.dongyangbooks.com
m.dongyangbooks.com

| 일본어뱅크 |

JLPT N3
문형을 중심으로 한

좋아요
일본어
작문 STEP 1

조남성, 조선영, 키노시타 쿠미코, 최진희, 서혜린, 이이호시 카즈야 지음

동양북스

| 일본어뱅크 |

JLPT N3
문형을 중심으로 한
좋아요
일본어
작문 STEP ①

초판 인쇄 | 2022년 12월 23일
초판 발행 | 2022년 12월 30일

지은이 | 조남성, 조선영, 키노시타 쿠미코, 최진희, 서혜린, 이이호시 카즈야
발행인 | 김태웅
편집주간 | 박지호
책임편집 | 길혜진
디자인 | 남은혜, 신효선
마케팅 | 나재승
제　작 | 현대순

발행처 | (주)동양북스
등　록 | 제 2014-000055호(2014년 2월 7일)
주　소 | 서울시 마포구 동교로22길 14 (04030)
구입문의 | 전화 (02)337-1737　팩스 (02)334-6624
내용문의 | 전화 (02)337-1762　dybooks2@gmail.com

ISBN　979-11-5768-845-6　14730
　　　　979-11-5768-849-4　(세트)

　이 책에서는 일본어능력시험(Japanese-Language Proficiency Test) N3 수준의 문장을 작성할 수 있도록 다양한 언어 사항 및 작문 지식을 배운다.

　작문은 자신의 생각이나 의견 등의 정보를 전달하기 위해서 체계적으로 문장을 작성하는 행위로, 학문의 세계뿐만 아니라 일상생활에서도 요구되고 널리 사용되는 능력이다. 특히 서면으로 다양한 장면과 상황에서 의사소통을 하기 위해서는 필수 불가결한 기능이다.

　이 책에서는 이러한 작문 능력을 향상시키기 위해서, 학습자의 의사소통에서 예상되는 일상의 다양한 주제를 선정하여 기술하고 있다. 그 12가지 주제(단원)는 '나는 이런 사람, 내가 좋아하는 것, 우리 마을에 오신 것을 환영합니다, 나와 일본어, 여행의 추억, 자랑스러운 일, 한국 문화와 풍습, 계절을 느낄 수 있는 음식, 내가 추천하는 작품, 아날로그인가 디지털인가, 나를 지지해 준 사람, 일본에서 경험하고 싶은 것'이다.

　단원은 '워밍업, 어휘 연습, 표현·문형 연습, 작문에 필요한 지식, 본문, 주제와 관련된 질문, 주제와 관련된 작문 연습'으로 구성되어 있는데, 그 내용과 특징은 다음과 같다.

(1) 워밍업 : 작문에 예상되는 필요한 문장(1문)을 자유롭게 만들어 발표한다.

(2) 어휘 연습 : 본문의 주요 어휘를 연습 문제를 통해서 배운다. 해당 어휘 및 관련 유의어를 예문과 함께 설명하고 있다.

(3) 표현·문형 연습 : 본문의 주요 표현·문형을 연습 문제를 통해서 배운다. 해당 표현·문형 및 관련 유의 표현을 예문과 함께 설명하고 있다.

(4) 작문에 필요한 지식 : 본문의 작문에 필요한 지식을 예문과 함께 설명하고 있다.

(5) 본문 : 학습자에게 친숙한 일상의 주제로 300자 작문을 제시하고 있다. 본문의 요약 쓰기 연습을 통하여 문장을 이해한다. 그리고 본문을 듣고 써 본다.

(6) 주제와 관련된 질문 : 주제와 관련된 질문을 통하여 자유롭게 작문하기 위한 쓸거리를 찾는다.

(7) 주제와 관련된 작문 연습 : (6)의 질문에 대한 대답을 모아 300자 정도의 문장을 자유롭게 작성한다.

　한편 이 책은 모든 한자에 가나로 읽기를 제시하고 있으며, 다양한 예문은 평소 학습자가 표현하고 싶은 내용이라고 예상되는 것이다. 그리고 작문 즉 쓰기에 머무르지 않고 읽기, 듣기, 말하기도 배려하고 있다. 무엇보다도 학습자 일상의 주제를 통하여 쉽게 작문에 접근할 수 있도록 구성한 것이 가장 커다란 특징일 것이다.

　끝으로 이 책의 작문 학습을 통해서 학습자 여러분의 일본어 의사소통에 조금이나마 도움이 되었으면 한다.

저자 일동

이 책의 구성과 특징

◐ 워밍업

주제에 맞게 제시된 문장의 빈칸에 자기 자신에 대한 내용을 넣어 자유롭게 작문할 수 있도록 하였습니다. 아래의 예시문을 참고하여 연습한 후에 자신이 작문한 문장을 발표해 봅시다.

◐ 어휘 연습

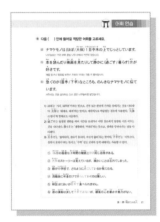

본문의 주요 어휘를 본문의 문장을 활용한 연습 문제를 통해 익힐 수 있습니다. 해당 어휘 및 관련 유의어는 아래 설명으로 확실하게 이해할 수 있으며, 예문을 통해 그 쓰임을 다시 한번 확인할 수 있도록 하였습니다.

◐ 표현 · 문형 연습

본문의 주요 표현 · 문형을 연습 문제를 통해서 익힐 수 있습니다. 해당 표현 · 문형 및 관련 유의 표현에 대해 구체적인 설명을 통해 이해하고, 다양한 예문으로 그 쓰임을 다시 한번 확인할 수 있도록 하였습니다.

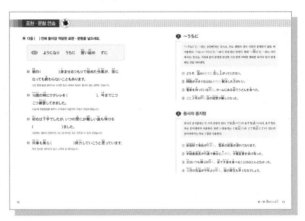

◐ 작문에 필요한 지식

본문 작문에 필요한 지식을 본문의 예문으로 확인하고, 설명을 통해 이해할 수 있도록 하였습니다. 여러 예문을 실어 설명을 더욱 확실하게 이해할 수 있습니다.

🔘 본문 & 받아쓰기

학습자에게 예상되는 일상의 주제로 300자 작문을 실었습니다. 본문을 잘 읽고 요약하면서, 그 내용을 다시 한번 확인할 수 있습니다. 본문의 음원을 들으며 받아쓰기를 할 수 있도록 구성하였습니다.

🔘 주제와 관련된 질문 & 작문

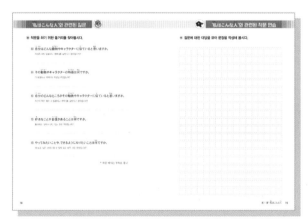

주제와 관련된 질문을 통하여 자율 작문을 하기 위한 쓸거리를 찾을 수 있도록 하였습니다. 질문에 답한 후에, 그 답변을 모아 300자 정도의 문장을 자유롭게 작성할 수 있도록 구성하였습니다.

🔘 부록

부록에는 각 과별 정답과 해석, 모범 답안과 예시문이 수록되어 있습니다. 부록 마지막에는 각 과별 주요 어휘를 실어 어휘 학습에도 도움이 되도록 구성하였습니다.

목차

わたし　　　　　　　　　　　　　ひと
私はこんな人
(나는 이런 사람)

• 학습목표 •

나의 장점 및 단점에 대해서 이야기할 수 있다.

◉ 자기 자신에 대해서 작문하여 발표해 봅시다.

① 私は＿＿＿＿の中で＿＿＿＿が一番＿＿＿＿です。

② 私は＿＿＿＿＿＿＿＿＿＿＿(の)が苦手です。

③ 私は＿＿＿＿＿＿＿＿＿＿＿(の)が得意です。

④ 私は暇な時、＿＿＿＿＿＿＿＿て / で過ごします。

⑤ 私は自分のことを＿＿＿＿＿＿＿と思っています。

🔍 예시문

❶ 私はスポーツの中でサッカーが一番好きです。

　저는 스포츠 중에서 축구를 가장 좋아합니다.

❷ 私はきゅうりが苦手です。/ 私は数字を覚えるのが苦手です。

　저는 오이를 싫어합니다. / 저는 숫자를 외우는 것을 잘 못합니다.

❸ 私は歌が得意です。/ 私は人の話を聞くのが得意です。

　저는 노래를 잘합니다. / 저는 남의 이야기를 듣는 것을 잘합니다.

❹ 私は暇な時、クイズ番組を見て過ごします。

　저는 한가할 때 퀴즈 프로그램을 보며 지냅니다.

❺ 私は自分のことを明るい性格だと思っています。

　저는 제 자신을 밝은 성격이라고 생각하고 있습니다.

◉ 다음 (　) 안에 들어갈 적당한 어휘를 고르세요.

① ナマケモノは (ほぼ / 大体) 1日中木の上でじっとしています。

나무늘보는 거의 하루 종일 나무 위에서 가만히 있습니다.

② 本を読んだり映画を見たりして静かに (過ごす / 暮らす) 方が
好きです。

책을 읽거나 영화를 보면서 조용히 지내는 것을 더 좋아합니다.

③ 急ぐのが (苦手 / 下手) なところも、のんきなナマケモノに似て
います。

서두르는 것을 싫어하는 것도 굼뜬 나무늘보를 닮았습니다.

---

1) ほぼ는 '거의, 대부분'이라는 뜻으로, 전부 또는 완전에 가까운 상태라는 것을 나타낸다. 大体는 '대체로, 대개'라는 뜻이고, 대략적으로 어림잡는 경우에 사용한다. '大体의 명사'의 형태로도 사용한다.

2) 過ごす는 일정한 행위를 하며 시간을 보내거나 어떤 장소에서 일정한 시간 머무는 것을 나타낸다. 暮らす는 '생활하다, 지내다'라는 뜻으로, 생계를 꾸려나가는 것을 나타낸다.

3) 苦手だ는 '싫어하다, 잘하지 못하다, 자신이 없다'라는 뜻이다. 下手だ는 '서투르다, 잘하지 못하다'라는 뜻이고, '수학' 같은 교과목 등에 대해서는 사용할 수 없다.

① 15分の昼寝は3時間の睡眠とほぼ同じ効果がある。

② 大体のストーリーは覚えているが、細かいことは忘れてしまった。

③ 娘が小学校で、どのように過ごしているか気になる。

④ 退職後に年金だけで暮らしていくのは難しい。

⑤ 納豆はにおいが苦手で食べられません。

⑥ 彼の演奏は決して下手ではないが、観客の心を動かす魅力がない。

◉ 다음 (　) 안에 들어갈 적당한 표현·문형을 넣으세요.

> 보기　　ようになり　　うちに　　習(なら)い始(はじ)め　　ずに

1　朝(あさ)の(　　　　　　　)済(す)ませるつもりで始(はじ)めた作業(さぎょう)が、夜(よる)に

　なっても終(お)わらないこともあります。

오전 중에 끝낼 생각으로 시작한 일이 저녁이 되어도 끝나지 않는 경우도 있습니다.

2　10歳(じゅっさい)の時(とき)にウクレレを(　　　　　　　　)、今(いま)までこつ

　こつ練習(れんしゅう)してきました。

10살 때 우쿨렐레를 배우기 시작해서 지금까지 꾸준히 연습해 왔습니다.

3　初(はじ)めは下手(へた)でしたが、いつの間(ま)にか難(むずか)しい曲(きょく)も弾(ひ)ける

　(　　　　　　　　)ました。

처음에는 잘하지 못했지만, 어느새 어려운 곡도 연주할 수 있게 되었습니다.

4　何事(なにごと)も焦(あせ)ら(　　　　　　　)努力(どりょく)していこうと思(おも)っています。

무슨 일이든 서두르지 않고 노력해 갈 생각입니다.

12

❶ ～うちに

'～うちに'는 '~하는 동안에'라는 뜻으로, 주로 행위의 개시 시점이 분명하지 않을 때 사용한다. '～ない＋うちに'는 '~하기 전에'라는 뜻이다. 한편 '～間に'는 '~하는 사이에'라는 뜻으로, 시작과 끝이 분명한 일정한 기간 안에 어떠한 행위를 하거나 일이 발생하는 것을 나타낸다.

① どうぞ、温かいうちに召し上がってください。

② 問題が大きくならないうちに解決した方がいい。

③ 電車を待っている間に、ホームにある店でうどんを食べた。

④ ここ２年の間に店の経営が厳しくなった。

❷ 동사의 중지형

동사의 중지형에는 두 가지 유형이 있다. て형(食べて)과 ます형(食べ)이다. ます형은 주로 문어체에서 사용한다. 한편 い형용사는 く형(広く)과 くて형(広くて)이 있는데 문어체에서는 주로 く형을 사용한다.

① 新宿駅で事故が発生し、電車の到着が遅れております。

② 学級委員長が代表で舞台に上がり、卒業証書を受け取った。

③ 父はいつも帰りが遅く、家で夕食を食べることはほとんどなかった。

④ ３月の気温が平年より高く、桜の開花も早くなるでしょう。

③ 〜ようになる

'〜ようになる'는 실행되지 않은 상황에서 실행되는 상황으로 변화하는 것을 나타낸다. 가능형과 같이 사용되는 경우가 많은데, 이 경우에는 능력의 변화를 나타낸다.

한편, '〜ようにする'는 행위나 상황을 실행시키기 위해서 노력하거나 다짐하는 것을 나타낸다.

① ３時間練習すれば泳げるようになります。

② 日本語の勉強を始めてから、日本のドラマや映画を見るようになった。

③ 眠れなくなるので、寝室ではスマホを見ないようにしてください。

④ 待ち合わせの時間より少し早めに行くようにしています。

④ 〜ずに

'〜ずに'는 '~하지 않고, ~하지 말고'라는 뜻으로, 어떤 동작을 하지 않고 다음 동작을 하는 것을 나타낸다. 주로 문어체에 사용되고 동사 ない형에 접속하는데, する의 경우에는 せずに가 된다. 같은 뜻으로 쓰이는 '〜ないで'는 '〜ないでください'의 형태로도 사용할 수 있다.

① その生徒は何も言わずに教室を出て行った。

② 気になることがあったら、遠慮せずに何でも言ってください。

③ バスに乗らないで、歩いて学校に行きます。

④ パソコンの電源を切らないでください。

❶ ～が

初めは下手でしたが、いつの間にか難しい曲も弾けるように
なりました。　처음에는 잘하지 못했지만, 어느새 어려운 곡도 연주할 수 있게 되었습니다.

'～が'는 대조적인 두 개의 내용을 연결할 때 사용한다. 구조상 화자가 전달하고자 하는 내용은 '～が'의 뒤에 제시된다. 따라서 예문 ①과 같이 '영어 교육 개선 필요성'에 대한 근거가 되는 '말을 못하는 학생이 많다'라는 화자의 주장은 '～が'의 뒤에 제시되어야 한다.

① 私は英語教育を改善する必要があると思う。読むことはできるが、話せない生徒が多いからだ。

　　나는 영어 교육을 개선할 필요가 있다고 생각한다. 읽을 수는 있지만, 말을 못하는 학생이 많기 때문이다.

② 私は英語教育を改善する必要があると思う。話せないが、読むことはできる生徒が多いからだ。（×）

　　나는 영어 교육을 개선할 필요가 있다고 생각한다. 말을 못하지만, 읽을 수 있는 학생이 많기 때문이다. (×)

❷ 確かに

確かに、私は何でも人より時間がかかります。でも、一つのことを長く続ける自信はあります。

확실히 저는 무엇이든지 남들보다 시간이 걸립니다. 하지만 한 가지 일을 오래 계속할 자신은 있습니다.

確かに는 '분명히, 확실하게'라는 뜻의 부사로, 상당한 확실성을 가지고 판단하거나 추측할 때 사용한다. '분명히 ~이다, 하지만 ~이다'와 같이 반론을 하는 형태로도 사용할 수 있다.

① 確かに、この商品は安くありません。でも、品質は保証します。

　　확실히 이 상품은 싸지는 않습니다. 하지만 품질은 보증합니다.

② 確かに、必要な情報は手軽に検索できるようになった。
しかし、それが正しいかどうかを判断するのはとても難しい。

　　확실히 필요한 정보는 손쉽게 검색할 수 있게 되었다. 그렇지만 그것이 옳은지 판단하는 것은 매우 어렵다.

MP3 01-1

動物に例えると、私はナマケモノです。

ナマケモノはほぼ1日中木の上でじっとしています。私も外で活動するよりは、本を読んだり映画を見たりして静かに過ごす方が好きです。それに、急ぐのが苦手なところも、のんきなナマケモノに似ています。朝のうちに済ませるつもりで始めた作業が、夜になっても終わらないこともあります。

確かに、私は何でも人より時間がかかります。でも、一つのことを長く続ける自信はあります。10歳の時にウクレレを習い始め、今までこつこつ練習してきました。初めは下手でしたが、いつの間にか難しい曲も弾けるようになりました。今は子供たちに教えています。このように、何事も焦らずに努力していこうと思っています。

🖋 **본문 요약**

◉ 본문의 핵심 내용을 요약해 봅시다.

1. 私は、＿＿＿＿＿＿＿＿ところや、＿＿＿＿＿＿＿＿ところが
ナマケモノに似ています。

2. 私は＿＿＿＿＿＿＿＿が、＿＿＿＿＿＿＿＿自信はあります。

3. 私は＿＿＿＿＿＿＿＿から＿＿＿＿＿＿＿＿を続けてきました。

✏ 받아쓰기

◉ 문장을 듣고 써 봅시다.

◉ **작문을 하기 위한 쓸거리를 찾아봅시다.**

1 自分はどんな動物やキャラクターに似ていると思いますか。

자신은 어떤 동물이나 캐릭터를 닮았다고 생각합니까?

....

2 その動物やキャラクターの特徴は何ですか。

그 동물이나 캐릭터의 특징은 무엇입니까?

....

3 自分のどんなところがその動物やキャラクターに似ていると思いますか。

자신의 어떤 점이 그 동물이나 캐릭터를 닮았다고 생각합니까?

....

4 好きなことや自信があることは何ですか。

좋아하는 것이나 자신 있는 것은 무엇입니까?

....

5 やってみたいことや、できるようになりたいことは何ですか。

해 보고 싶은 것이나 할 수 있게 되고 싶은 것은 무엇입니까?

....

※ 작문 예시는 부록을 참고

'私はこんな人'와 관련된 작문 연습

◉ 질문에 대한 대답을 모아 문장을 작성해 봅시다.

わたし　　　　き　　い
私のお気に入り

(내가 좋아하는 것)

・학습목표・

내가 좋아하는 것을 이야기할 수 있다.

◉ 자기 자신에 대해서 작문하여 발표해 봅시다.

1 私の宝物は_____です。

2 私は_____を愛用しています。

3 _____を買ってよかったと思っています。

4 _____とストレスが解消できます。

5 私は_____時間をとても大事にしています。

🔍 예시문

❶ 私の宝物は父にもらった手袋です。

저의 보물은 아버지께 받은 장갑입니다.

❷ 私はバラの香りの香水を愛用しています。

저는 장미향 향수를 애용하고 있습니다.

❸ 新しいイヤホンを買ってよかったと思っています。

새 이어폰을 사길 잘했다고 생각합니다.

❹ 友達とおしゃべりするとストレスが解消できます。

친구와 수다를 떨면 스트레스를 해소할 수 있습니다.

❺ 私は一人で散歩する時間をとても大事にしています。

저는 혼자 산책하는 시간을 매우 소중하게 생각하고 있습니다.

◉ 다음 (　) 안에 들어갈 적당한 어휘를 고르세요.

1　私の (お気に入り / 好み) の時間はヨガをしている時です。

내가 좋아하는 시간은 요가를 할 때입니다.

2　(ぐっすり / ぐったり) 眠ることができません。

푹 잘 수가 없습니다.

3　クラスに通ううちに (だんだん / どんどん) 体調がよくなって、
健康を取り戻すことができました。

교실에 다니는 사이 점점 몸 상태가 좋아져서 건강을 회복할 수 있었습니다.

---

1) 예문의 私のお気に入りの時間은 '내가 좋아하는 시간'으로 해석한다. お気に入り
는 컴퓨터 툴바의 '즐겨찾기'라는 뜻으로도 사용된다.

2) ぐっすり는 '푹'이라는 뜻으로, 깊은 잠을 자는 모습을 나타낸다. 한편 ぐったり는 몸
에 힘이 없이 축 늘어진 모습을 나타낸다.

3) だんだん은 단계가 진행되는 모양으로 '점점, 차츰'을 나타낸다. 한편 どんどん은
순조롭게 나아가는 모양으로 '척척, 술술'이라는 뜻이다.

① 私の好きなゲームをパソコンのお気に入りに入れています。

② とんかつは好みによって辛子やごまだれを付けて食べてください。

③ 私にとってヨガはぐっすり眠るために大切です。

④ あまりの暑さにぐったりする。

⑤ 日本語を習っていくうちにだんだん興味が湧いてきました。

⑥ 仕事をどんどん進めましょう。

◉ 다음 (　　) 안에 들어갈 적당한 표현 · 문형을 넣으세요.

> 보기　　すれば　　たところ　　ために　　向^むけ

1　働^{はたら}きすぎた(　　　　　)、体^{からだ}を壊^{こわ}してしまったことがあります。

과로로 몸이 망가진 적이 있습니다.

2　友達^{ともだち}に相談^{そうだん}し(　　　　　)、ヨガ教室^{きょうしつ}に誘^{さそ}われました。

친구에게 상의했더니 요가 교실을 권유받았습니다.

3　初心者^{しょしんしゃ}(　　　　　)のクラスだから大丈夫^{だいじょうぶ}。

초보자 대상 교실이니까 괜찮아.

4　ヨガを(　　　　　)ストレスが簡単^{かんたん}に解消^{かいしょう}できます。

요가를 하면 스트레스가 쉽게 풀립니다.

❶ 〜ために

'〜ために'는 긍정적이거나 부정적인 결과의 이유, 원인을 나타낸다. 한편 '〜せいで'는 부정적인 결과의 원인을 나타내며 상대를 비난하거나 원망하는 의미를 포함한다.

① 勢力の強い台風が接近したために飛行機が欠航した。

② 事前に綿密に計画を練ったために、プロジェクトはうまく行きました。

③ 彼女が来なかったせいで、一人で食事することになった。

④ 彼のせいで打ち合わせに遅れてしまいました。

❷ 〜たところ

'〜たところ'는 '~했더니, ~했는데'라는 뜻으로, 'た형 + ところ'의 뒤에 행위에 대한 결과가 온다. 한편 문장의 끝에 오는 '〜たところです'는 '막 ~했습니다'라는 뜻이다.

① 数学の問題の解き方を友達に聞いたところ、正解を教えてくれた。

② 組み立て式の椅子を買ったところ、部品が一つ欠けていた。

③ 今、ターミナルに着いたところです。これからチケットを買います。

④ 教室に入ると、ちょうど授業が始まったところでした。

❸ 〜向け

'〜向け'는 대상을 한정할 때 사용한다. 같은 뜻으로 '〜用'가 있다. '〜向け'는 '〜用'에 비해 비교적 넓은 범위에 사용할 수 있지만, 私向け(×), トイレ向け(×)와 같이 특정 인물, 장소에는 사용하기 어렵다.

① 子供向けに英語を学ぶためのテレビ番組を作っている。

② 駅前に独身女性向けのマンションができた。

③ 大人用の帽子を子供用に作り直す。

④ アメリカへの輸出用の家電製品はサイズが大きくなっている。

❹ 〜ば

'〜ば'는 진리 불변의 법칙, 자연현상과 같이 필연적으로 성립하는 조건문에 사용하는데, 주로 속담, 격언에 많이 쓰인다. 한편 '〜と'는 '〜ば'와 유사하지만, 만약의 상황을 가정할 때는 '〜と'를 사용할 수 없다. '雨が降ると(×), どうしますか'가 아니라, '雨が降れば(○), どうしますか'와 같이 사용한다. 또한 '〜と'는 기계 조작, 길 안내 등에 주로 사용한다.

① 毎日、３０分程度の有酸素運動をすれば、健康になれます。

② ちりも積もれば、山となる。

③ 料金を入れて、このボタンを押すと、切符が出ます。

④ あの角を右に曲がると、花屋があります。

26

❶ ～と

友達が「初心者向けのクラスだから大丈夫」と言った。

친구가 "초보자 대상 교실이니까 괜찮아"라고 말했다.

인용할 때 '～と'를 사용한다. 화자가 청자에게 제3자가 말한 것을 전달할 때 직접적으로 인용하는 경우와 간접적으로 인용하는 경우가 있다. 직접 인용의 경우 「　」를 사용하여 제3자의 말을 그대로 전달하고, 간접 인용에서는 내용을 정리하여 보통체로 전달한다.

*보통체 : 동사, 형용사의 기본형

① 田中さんは「今日は休みます」と言っていました。(직접 인용)

다나카 씨는 "오늘은 쉬겠습니다"라고 말했습니다.

② 田中さんは今日は休むと言っていました。(간접 인용)

다나카 씨는 오늘은 쉰다고 말했습니다.

❷ ～명사A는　～명사B です

私のお気に入りの時間はヨガをしている時です。
_{～명사A는}　　　　　　　　_{～명사B です}

내가 좋아하는 시간은 요가를 할 때입니다.

주어와 술어는 호응이 이루어져야 한다. '명사A는　～명사B です'와 같이 주어에 명사가 온 경우는 명사 술어가 와야 한다.

① 私の夢は日本語の先生になることだ。(〇) 나의 꿈은 일본어 선생님이 되는 것이다.

② 私の夢は日本語の先生です。(〇) 나의 꿈은 일본어 선생님입니다.

③ 私の夢は日本語の先生になりたい。(×)

나의 꿈은 일본어 선생님이 되고 싶다. (×)

MP3 02-1

　私のお気に入りの時間はヨガをしている時です。以前、働きすぎたために、体を壊してしまったことがあります。友達に相談したところ、ヨガ教室に誘われました。正直、ヨガは難しそうだと思いましたが、友達が「初心者向けのクラスだから大丈夫」と言ったので、試しに行ってみることにしました。クラスに通ううちに、だんだん体調がよくなって健康を取り戻すことができました。

　私の会社は忙しくて、ストレスも多いのですが、ヨガをすればストレスが簡単に解消できます。今では寝る前にヨガをして体をほぐさないと、ぐっすり眠ることができません。ヨガ教室に誘ってくれた友達には本当に感謝しています。皆さんもヨガを始めてみてはいかがですか。

✏ 본문 요약

◉ 본문의 핵심 내용을 요약해 봅시다.

1 以前、_____ために、体を壊してしまった

　ことがある。

2 ヨガを始めたきっかけは_____だ。

3 寝る前にヨガをすると、_____。

✏ 받아쓰기

◉ 문장을 듣고 써 봅시다.

◉ 작문을 하기 위한 쓸거리를 찾아봅시다.

1️⃣ 何をしている時がお気に入りの時間ですか。

무엇을 할 때가 즐거운 시간인가요?

2️⃣ ○○を始めたきっかけは何ですか。

○○를 시작한 계기는 무엇인가요?

3️⃣ ○○を始めた時、何か変化はありましたか。

○○를 시작했을 때 무슨 변화가 있었나요?

4️⃣ ○○をする時、どんな気持ちになりますか。

○○를 할 때, 어떤 기분이 드나요?

5️⃣ これからどのように○○を続けていきたいですか。

앞으로 어떻게 ○○를 계속해 가고 싶습니까?

※ 작문 예시는 부록을 참고

◉ 질문에 대한 대답을 모아 문장을 작성해 봅시다.

わたし　　　　　まち
私の街へようこそ

(우리 마을에 오신 것을 환영합니다)

• 학습목표 •

장소에 대해서 자세히 소개할 수 있다.

◉ 자기 자신에 대해서 작문하여 발표해 봅시다.

1 私は＿＿＿＿＿＿＿で生まれました。

2 私は＿＿＿＿＿＿＿に＿＿＿＿＿＿間住んでいます。

3 今住んでいる街は＿＿＿＿＿＿が＿＿＿＿＿＿です。

4 私が一番好きな街は＿＿＿＿＿＿＿＿＿＿＿です。

5 私は＿＿＿＿＿＿＿＿＿＿＿の近くに住みたいです。

🔍 예시문

❶ 私はソウルで生まれました。

저는 서울에서 태어났습니다.

❷ 私は大田に8年間住んでいます。

저는 대전에 8년간 살고 있습니다.

❸ 今住んでいる街は交通が便利です。

지금 살고 있는 동네는 교통이 편리합니다.

❹ 私が一番好きな街は日本の京都です。

제가 가장 좋아하는 도시는 일본의 교토입니다.

❺ 私は大きな公園の近くに住みたいです。

저는 큰 공원 근처에 살고 싶습니다.

● 다음 (　　) 안에 들어갈 적당한 어휘를 고르세요.

1 丘の斜面に(広がる / 広まる)広大な茶畑が有名です。

언덕 경사면에 펼쳐진 넓은 녹차밭이 유명합니다.

2 ５月から６月にかけて多くの観光客が(訪れ / 訪ね)ます。

5월부터 6월에 걸쳐 많은 관광객들이 찾아옵니다.

3 市場には都会では(見られ / 見え)ない新鮮で珍しい魚介類がたくさん並びます。

시장에는 대도시에서는 볼 수 없는 신선하고 특이한 해산물이 많이 있습니다.

---

1) 広がる는 공간이나 면적이 커지고, 범위가 넓어진다는 것을 나타낸다. 広まる는 받아들인 것을 다시 전달함으로써 널리 퍼지는 것을 나타낸다.

2) 訪れる와 訪ねる는 둘 다 '찾다, 방문하다'라는 뜻이지만, 일반적으로 '방문하다'는 訪ねる를 사용하고, '관광객이 찾아오다, 여름/평화가 오다' 등의 경우에는 주로 訪れる를 사용한다.

3) 見られる는 見る의 가능형으로, 볼 수 있는 상태를 나타내며 가능성에 초점을 맞추고 있다. 見える는 자동사로, 사물이 저절로 눈에 들어오는 것을 나타낸다.

① 商品の種類が増えたので、選択の幅が広がりました。

② 日本で誕生したカラオケは世界中に広まりました。

③ 長い戦争が終わり、この国にも平和が訪れた。

④ 同窓会の帰りに久しぶりに母校を訪ねた。

⑤ 国際線の機内では公開前の映画が見られます。

⑥ 眼鏡をかけないと黒板の文字が全然見えません。

◉ 다음 (   ) 안에 들어갈 적당한 표현 · 문형을 넣으세요.

> 보기   にとって   にかけて   ような   といえば

---

1 私(わたし)(   )宝城(ポソン)は第二(だいに)の故郷(ふるさと)です。

저에게 보성은 제2의 고향입니다.

2 宝城(ポソン)(   )、何(なん)と言(い)っても緑茶(りょくちゃ)です。

보성하면 뭐니 뭐니 해도 녹차입니다.

3 5月(ごがつ)から6月(ろくがつ)(   )多(おお)くの観光客(かんこうきゃく)が訪(おとず)れます。

5월부터 6월에 걸쳐 많은 관광객들이 찾아옵니다.

4 まるで緑色(みどりいろ)のじゅうたんを敷(し)いた(   )美(うつく)しい
景色(けしき)を見(み)ることができます。

마치 초록색 융단을 깔아 놓은 듯한 아름다운 풍경을 볼 수 있습니다.

❶ ～にとって

'～にとって'는 '~에게 있어서, ~의 경우에는'이라는 뜻이다. 누구의 입장인지를 제시하는 표현으로 大切だ, 難しい 등과 같은 판단을 나타내는 단어들과 같이 사용된다.

'～において'는 '~에 있어서, ~에서'라는 뜻이다. 어떤 일이 일어나는 장소나 시간을 나타낸다.

① 働く親にとって育児休業はとても重要な制度だ。

② 食糧の自給率が低いことは、日本にとって大きな問題です。

③ ４階の会議室において就職説明会を行います。

④ 幼児期においては自由に遊ぶことも重要だ。

❷ ～といえば

'～といえば'는 '~로 말하자면, ~라면'이라는 뜻이다. 앞에 제시된 주제에 관해 연상되는 대표적인 것을 말할 때 사용하며, 명사에만 결합한다.

'～とすれば'는 '(만약) ~라고 한다면'이라는 가정의 의미를 나타낸다. 동사, 형용사, '명사+だ'의 보통체와 결합한다.

① ストレス解消といえば、運動やゲームが思い浮かぶでしょう。

② 日本の冬といえば、やっぱりこたつとみかんだ。

③ 記事の内容が事実だとすれば、深刻な問題です。

④ 地球の大きさが野球ボールぐらいだとすれば、火星はゴルフボールぐらいになる。

❸ ～から ～にかけて

'～から ～にかけて'는 '~부터 ~에 걸쳐서'라는 뜻이다. 시간적·공간적 범위(시작과 끝)를 지정할 때 사용한다. '～にわたって'는 '~에 걸쳐서'라는 뜻이다. 기간이나 범위를 나타내는 단어와 함께 사용되고, '～から'와는 함께 쓰이지 않는다.

① 明日は昼過ぎから夕方にかけて雨が降るでしょう。

② トンネルの手前から出口にかけて渋滞しています。

③ 住民の食生活に関する調査が３０年にわたって行われた。

④ 日本全域にわたって台風の影響が出ている。

❹ まるで ～ようだ

비유를 나타내는 ようだ는 まるで와 함께 쓰이는 경우가 많고, '마치 ~인 것 같다'라는 뜻이 된다. ようだ는 문어체나 공식적인 상황의 회화에서 많이 쓰고, 일상적인 회화에서는 みたいだ가 많이 쓰인다.

① この建物の構造はまるで迷路のようだ。

② まるでサウナの中にいるような蒸し暑さだ。

③ 彼女に告白されるなんて、まるで夢を見ているみたいです。

④ ２年ぶりに会った友達は、まるで別人みたいでした。

① ぜひ, きっと, 必ず

ぜひ一度食べてみてください。 꼭 한번 드셔 보세요.

ぜひ, きっと, 必ず와 같은 부사는 특정한 문말 형식과 호응한다. ぜひ는 くれぐれも나 どうか 등과 함께 희망 표현, きっと는 だろう, でしょう 등과 같은 추량 표현, 必ず는 단정 표현과 주로 호응한다.

① **私はこの映画を見てとても感動した。 ぜひ原作を読んでみたい。**

나는 이 영화를 보고 매우 감동했다. 꼭 원작을 읽어 보고 싶다.

② **彼は勉強しないで遊んでばかりいます。 きっと後で後悔するでしょう。**

그는 공부하지 않고 놀고만 있습니다. 분명히 나중에 후회하겠지요.

③ **私を信じて待っていてください。 必ず戻ってきますから。**

저를 믿고 기다려 주세요. 꼭 돌아올 테니까요.

② 단어의 반복 회피

私はこの街で暮らしました。 私は海辺にある大きな市場の近くに住んでいました。

저는 이 마을에서 살았습니다. 저는 바닷가에 있는 큰 시장 근처에 살았습니다.

짧은 문장이나 하나의 단락에서 같은 단어를 반복해서 사용하면 문장이 단조로워지거나 집요한 느낌을 줄 수 있다. 따라서 반복되는 단어는 생략하거나 의미가 같은 유의 표현으로 바꾸어 사용하는 것이 좋다.

私の趣味は絵を鑑賞することです。 作品を見ながらいろいろなことを考えます。 昨日も近くの美術館に行って、 1日中絵を眺めていました。

저의 취미는 그림을 감상하는 것입니다. 작품을 보면서 많은 생각을 합니다. 어제도 근처 미술관에 가서 하루 종일 그림을 바라보고 있었습니다.

全羅南道の宝城は韓国の南部に位置します。海と山に囲まれた穏やかな街です。父の仕事の関係で、小学校4年生の時から3年間、私はこの街で暮らしました。私にとって宝城は第二の故郷です。

　宝城といえば何と言っても緑茶です。丘の斜面に広がる広大な茶畑が有名で、5月から6月にかけて多くの観光客が訪れます。この時期にはまるで緑色のじゅうたんを敷いたような美しい景色を見ることができます。

　宝城は海産物も有名です。私は海辺にある大きな市場の近くに住んでいました。市場には都会では見られない新鮮で珍しい魚介類がたくさん並びます。特にコマッという貝の料理が名物です。とてもおいしいので、宝城に行ったらぜひ一度食べてみてください。

✎ **본문 요약**

◉ **본문의 핵심 내용을 요약해 봅시다.**

1　宝城は＿＿＿＿＿＿＿＿＿にあり、＿＿＿＿＿＿＿＿＿＿＿街です。

2　私は＿＿＿＿＿＿＿＿＿＿＿＿＿＿＿、宝城に住んでいました。

3　宝城で有名なものは＿＿＿＿＿＿＿＿＿＿＿＿＿＿＿です。

◉ 문장을 듣고 써 봅시다.

◉ 작문을 하기 위한 쓸거리를 찾아봅시다.

1 紹介したい街はどこですか。

소개하고 싶은 도시는 어디입니까?

....

2 その街はどこにありますか。

그 도시는 어디에 있습니까?

....

3 あなたにとって、その街はどんな所ですか。

당신에게 그 도시는 어떤 곳입니까?

....

4 名物や有名なものは何ですか。

명물이나 유명한 것은 무엇입니까?

....

5 いつごろ行くことを勧めますか。どうしてですか。

언제쯤 가는 것을 추천합니까? 그 이유는 무엇입니까?

....

※ 작문 예시는 부록을 참고

◉ 질문에 대한 대답을 모아 문장을 작성해 봅시다.

だい よん か
第4課

わたし　　　に ほん ご
私と日本語

(나와 일본어)

• 학습목표 •

일본어와 관련된 에피소드를 소개할 수 있다.

◉ 자기 자신에 대해서 작문하여 발표해 봅시다.

1 私は＿＿＿＿＿＿＿＿＿（の時に）日本語の勉強を始めました。

2 私が初めて日本語に接したのは＿＿＿＿＿＿＿＿＿（時）

　　でした。

3 私が好きな日本語の言葉は「＿＿＿＿＿＿＿＿＿」です。

4 私の目標は＿＿＿＿＿＿＿＿＿＿＿＿（こと）です。

5 もっと日本語が上手になるために、＿＿＿＿＿＿＿＿＿

　　たいです。

🔍 예시문

❶ 私は去年日本語の勉強を始めました。／
私は高校2年生の時に日本語の勉強を始めました。
저는 작년에 일본어 공부를 시작했습니다. / 저는 고등학교 2학년 때 일본어 공부를 시작했습니다.

❷ 私が初めて日本語に接したのはジブリの映画でした。／
私が初めて日本語に接したのは家族で大阪に旅行した時でした。
제가 처음으로 일본어를 접하게 된 것은 지브리의 영화였습니다. /
제가 처음으로 일본어를 접하게 된 것은 가족끼리 오사카를 여행했을 때였습니다.

❸ 私が好きな日本語の言葉は「思いやり」です。
제가 좋아하는 일본어 단어는 '思いやり(배려)'입니다.

❹ 私の目標はJLPT N2合格です。／
私の目標は字幕なしで日本のドラマを理解することです。
저의 목표는 JLPT N2 합격입니다. / 저의 목표는 자막 없이 일본 드라마를 이해하는 것입니다.

❺ もっと日本語が上手になるために、漢字をたくさん覚えたいです。
좀 더 일본어를 잘하기 위해서 한자를 많이 외우고 싶습니다.

◉ 다음 (　) 안에 들어갈 적당한 어휘를 고르세요.

1️⃣ 私は日本語を(全然 / あまり)話すことができませんでした。

나는 일본어를 전혀 할 수 없었습니다.

2️⃣ 感謝の気持ちを表したかったのに、それができなくて本当に
(残念でした / 惜しかったです)。

감사의 마음을 표현하고 싶었는데 그렇게 할 수 없어서 매우 안타까웠습니다.

3️⃣ 日本語で感謝の(気持ち / 気分)を伝えたいです。

일본어로 감사의 마음을 전하고 싶습니다.

---

1) 全然은 '全然 ～ない'와 같이 주로 뒤에 부정 표현이 오며, '정도, 양이 전혀 없다'라는 뜻이 된다. あまり는 정도가 높지 않다는 것, 빈도나 양이 많지 않다는 것을 나타낸다.

2) 残念은 기대에 미치지 못해 안타깝다는 의미이다. 한편 惜しい는 좀 더 노력하면 좋은 결과를 얻을 수 있는데 그렇지 못해 아깝다는 의미이다.

3) 気持ち는 마음 또는 신체적으로 느끼는 감각으로, 気持ちいい는 '기분 좋다, 상쾌하다'라는 뜻이 된다. 気分은 정신 상태나 건강 상태를 나타내는 '기분, 속'이라는 뜻이다.

① 私は全然泳ぐことができません。

② 私は納豆があまり好きではありません。

③ 日本チームが決勝戦で負けて残念だ。

④ 彼の発音はとてもいいですが、文法がすこし間違っているのが惜しいです。

⑤ 冬の朝は寒いですが、空気が澄んでいて気持ちいいです。

⑥ 長時間、揺れる船に乗ったので気分が悪い。

◉ 다음 ( ) 안에 들어갈 적당한 표현 · 문형을 넣으세요.

> **보기**　　のに　　までに　　ので　　ことにしました

1 ホストファミリーとは英語で会話ができた（　　　　　）、
コミュニケーションに大きな問題はありませんでした。

호스트 패밀리와는 영어로 대화를 할 수 있었기 때문에 의사소통에 큰 문제는 없었습니다.

2 日本語で感謝の気持ちを表したかった（　　　　　）、
それができなくて本当に残念でした。

일본어로 감사의 마음을 표현하고 싶었는데 그렇게 할 수 없어서 매우 안타까웠습니다.

3 きちんとお礼を言いたくて、日本語の勉強を始める

（　　　　　　　　　）。

제대로 감사 인사를 전하고 싶어서 일본어 공부를 시작하기로 했습니다.

4 大学卒業（　　　　　）、もう一度、ホストファミリーに会っ
て、今度こそ日本語で感謝の気持ちを伝えたいです。

대학 졸업 때까지 한 번 더 호스트 패밀리를 만나 이번에야말로 일본어로 감사의 마음을 전하고
싶습니다.

❶ 〜ので

'〜ので'는 객관적인 이유를 나타내고 격식 차린 장면, 문장에서 주로 사용한다. 한편 '〜から'는 주관적인 이유를 나타내고 격의 없는 사이의 대화에 사용한다.

① 日本は南北に長いので、地域によって気候が大きく異なります。

② まもなく開会式が始まりますので、ご着席ください。

③ 数学の授業はつまらないから、眠くなる。

④ 時間がありませんから、タクシーに乗りましょう。

❷ 〜のに

'〜のに'는 어떤 상황의 결과가 기대한 바와 달리 나타난 경우로 아쉬운 상황을 나타낸다. 한편 '〜が'는 단순히 앞뒤 내용이 반대되는 역접 관계를 나타낸다.

① たくさん勉強したのに、試験に落ちた。

② あれほど言ったのに、彼は忠告を守りませんでした。

③ 私は賛成したが、彼は反対した。

④ 紅茶は好きですが、コーヒーはあまり好きではありません。

❸ ～ことにする

> '～ことにする'는 '하기로 하다'라는 뜻으로, 스스로 자기가 의지적으로 결정한 것을 나타낸다. 한편 '～ようにする'는 어떤 상황이 이루어지도록 처리하거나 대응하는 것을 나타낸다.

① 最近、太ったので、ダイエットすることにした。

② 家族が増えたので、広い家に引っ越すことにしました。

③ 信号を設置して、子供たちが安全に通学できるようにします。

④ 国はダムを建設して、洪水が起きないようにした。

❹ ～までに

> '～までに'는 리포트, 업무, 행위 등의 '마감 기한'을 의미한다. 한편 '～まで'는 시간적, 공간적 범위를 나타내는 표현으로 '끝부분'을 나타낸다. '(～から)～まで'와 같이 사용한다.

① 来週までにレポートを提出しなければなりません。

② データを入力しなければならないので、１時までに連絡をください。

③ 今日から８月３１日まで夏休みなので、とても嬉しい。

④ ここの門からあそこの畑までが私の家の敷地だ。

❶ その時(とき)

日本語(にほんご)の勉強(べんきょう)を始(はじ)めたきっかけは、３年前(さんねんまえ)に１週間(いっしゅうかん)日本(にほん)でホームステイをしたことです。その時(とき)、私(わたし)は日本語(にほんご)を全然話(ぜんぜんはな)すことができませんでした。 일본어 공부를 시작한 계기는 3년 전에 일주일간 일본에서 홈스테이를 한 것입니다. 그때 나는 일본어를 전혀 할 수 없었습니다.

방금 나온 또는 화자가 제시한 화제 속의 대상, 시기를 가리킬 때는 その를 쓰고, 기억 속의 일을 회상하며 가리킬 때는 あの를 사용한다. あの時(とき)는 감상적인 느낌을 나타내지만, その時(とき)는 단순히 화제 속의 시기를 가리킨다. あの와 その는 똑같이 한국어 '그'에 해당한다.

① 小学生(しょうがくせい)の時(とき)は広島(ひろしま)で過(す)ごした。その時(とき)は広島弁(ひろしまべん)で話(はな)していた。

초등학생 때는 히로시마에서 지냈다. 그때는 히로시마 방언으로 이야기했다.

② 小学生(しょうがくせい)の時(とき)は広島(ひろしま)で過(す)ごした。あの時(とき)が懐(なつ)かしい。

초등학생 때는 히로시마에서 지냈다. 그때가 그립다.

❷ 次(つぎ)に

次(つぎ)にホストファミリーに会(あ)った時(とき)は、きちんとお礼(れい)を言(い)いたくて、日本語(にほんご)の勉強(べんきょう)を始(はじ)めることにしました。

다음에 호스트 패밀리를 만나면 제대로 인사를 전하고 싶어 일본어 공부를 시작하기로 했습니다.

次(つぎ)には 바로 다음에 오는 것을 의미한다. 그리고 처음 내용에 이어서 순서대로 언급할 때도 はじめに, 次(つぎ)に와 같이 사용한다. 한편 今度(こんど)는 '이번, 다음에'라는 뜻으로 가장 가까운 현재나 미래를 나타낸다.

① 次(つぎ)に日本(にほん)に行(い)く時(とき)は、船(ふね)で行(い)こう。 다음에 일본에 갈 때는 배로 가자.

② 今度(こんど)の土曜日(どようび)はデートです。 다음 토요일은 데이트입니다.

MP3 04-1

　日本語の勉強を始めたきっかけは、3年前に1週間日本でホーム
ステイをしたことです。その時、私は日本語を全然話すことができ
ませんでしたが、ホストファミリーとは英語で会話ができたので、日常のコミュニケーションに大きな問題はありませんでした。
ただ、別れの日、とても親切にしてもらったホストファミリーに日
本語で感謝の気持ちを表したかったのに、それができなくて本当に
残念でした。次にホストファミリーに会った時は、きちんとお礼を
言いたくて、日本語の勉強を始めることにしました。勉強してみる
と、日本語は意外に難しくなくて面白いです。大学卒業までにもう
一度ホストファミリーに会って、今度こそ日本語で感謝の気持ちを
伝えたいです。

✐ 본문 요약

◉ 본문의 핵심 내용을 요약해 봅시다.

1　ホストファミリーとは＿＿＿＿＿＿＿＿＿＿ので、＿＿＿＿＿＿＿＿＿＿に
　問題はなかった。

2　別れの日、＿＿＿＿＿＿＿＿＿＿のに、それができなくて残念だった。

3　次にホストファミリーに会った時は＿＿＿＿＿＿＿＿＿＿＿＿＿＿
　ことにした。

✏ 받아쓰기

◉ 문장을 듣고 써 봅시다.

◉ **작문을 하기 위한 쓸거리를 찾아봅시다.**

1 なぜ、日本語の勉強を始めましたか。

왜 일본어 공부를 시작했습니까?

2 今、どのくらい日本語を聞いたり話したりできますか。

지금 어느 정도 일본어를 듣고 말할 수 있습니까?

3 日本語を勉強して大変だった経験、失敗した経験、残念だった経験は

あ りますか。

일본어를 공부하면서 힘들었던 일, 실수를 한 경험, 아쉬웠던 경험은 있습니까?

4 どんな時に日本語の勉強が楽しいと感じますか。

어떨 때 일본어 공부가 재미있다고 느낍니까?

5 日本語を使ってしたいことがありますか。

일본어를 사용해서 하고 싶은 일이 있습니까?

※ 작문 예시는 부록을 참고

◉ 질문에 대한 대답을 모아 문장을 작성해 봅시다.

第5課

りょこう　おもで
旅行の思い出

(여행의 추억)

• 학습목표 •

기억에 남는 여행에 대해서 이야기할 수 있다.

◉ 자기 자신에 대해서 작문하여 발표해 봅시다.

1 旅行の一番の楽しみは＿＿＿＿＿＿＿＿＿＿＿＿（こと）です。

2 お勧めの観光スポットは＿＿＿＿＿＿＿＿＿＿＿＿です。

3 ＿＿＿＿＿＿＿を旅行した時に＿＿＿＿＿＿＿ことが
忘れられません。

4 ＿＿＿＿＿＿＿＿＿が＿＿＿＿＿＿＿＿＿（て / で）感動
しました。

5 ＿＿＿＿＿＿で＿＿＿＿＿＿ことが印象に残っています。

🔍 예시문

❶ 旅行の一番の楽しみは写真撮影です。/
旅行の一番の楽しみはおいしいものを食べることです。

여행의 가장 큰 즐거움은 사진 촬영입니다. / 여행의 가장 큰 즐거움은 맛있는 것을 먹는 것입니다.

❷ お勧めの観光スポットは南怡島です。

추천 관광지는 남이섬입니다.

❸ タイを旅行した時に海が青くてきれいだったことが忘れられません。

태국을 여행했을 때 바다가 푸르고 예뻤던 것을 잊을 수 없습니다.

❹ 福岡のとんこつラーメンがとてもおいしくて感動しました。

후쿠오카의 돈코쓰 라멘이 너무 맛있어서 감동했습니다.

❺ 中学校の修学旅行で道に迷ったことが印象に残っています。

중학교 수학여행에서 길을 잃은 것이 인상에 남아 있습니다.

◉ 다음 ( ) 안에 들어갈 적당한 어휘를 고르세요.

1 私は何も (言わずに / 話さずに) 降りようとしたが、父はそれを
許さなかった。나는 아무 말도 하지 않고 내리려고 했는데, 아버지는 그것을 허락하지 않으셨다.

2 私は蚊の鳴くような声で「エコサマー」と言って (何とか / やっと)
バスを降りた。

나는 아주 작은 목소리로 '에코 썸머'라고 말하고 간신히 버스에서 내렸다.

3 その時は恥ずかしくてたまらなかったが、一度やってみたら
(平気に / 大丈夫に) なった。그때는 너무 창피했는데 한 번 해 보니 아무렇지도 않았다.

---

1) 言う는 '말하다'라는 뜻으로, 말하는 상대의 유무와 상관없이 사용되는데 상대가 있
   을 경우에는 일방적으로 말한다는 의미가 강하다. 話す는 '이야기하다'라는 뜻으로,
   상대가 필요하다.

2) 何とか는 충분하지는 않지만 어떠한 조건이나 요구에 일단 들어맞는다는 것을 나타
   낸다. '그럭저럭, 간신히'라는 뜻으로, 앞으로 일어날 일에 대해서도 사용할 수 있다.
   やっと는 '겨우, 간신히'라는 뜻으로, 어떤 조건이나 요구가 충족되기는 했지만, 여유
   가 없는 모양을 나타낸다.

3) 平気だ는 '아무렇지 않다'라는 뜻으로, 마음이 동요되지 않는 것을 나타낸다. 大丈
   夫だ는 '괜찮다, 걱정 없다'라는 뜻으로, 안심할 수 있는 상태를 나타낸다.

① 天気予報で午後から雨が降ると言っていました。

② ワーキングホリデーの経験について、先輩がいろいろ話してくれた。

③ 発表の資料は今日中に何とか完成させます。

④ ずっと探していた指輪がやっと見つかった。

⑤ 雷が鳴っているのに、兄は平気で外を歩いている。

⑥ このくらいの傷なら、消毒しておけば大丈夫です。

◉ 다음 (　) 안에 들어갈 적당한 표현·문형을 넣으세요.

> 보기　　につき　　てたまらなかった　　ようとした　　てみた

1. 大人一人（　　　　　　　　　　　　　）小学生二人まで料金が
無料になるキャンペーンをやっていたのだ。

   어른 한 명당 초등학생 두 명까지 요금이 무료가 되는 캠페인을 하고 있었던 것이다.

2. 私は何も言わずに降り（　　　　　　　　　　）が、父は
それを許さなかった。

   나는 아무 말도 하지 않고 내리려고 했는데, 아버지는 그것을 허락하지 않으셨다.

3. その時は恥ずかしく（　　　　　　　　　　）。

   그때는 너무 창피했다.

4. 一度やっ（　　　　　　　　　　）ら平気になった。

   한 번 해 보니 아무렇지도 않았다.

❶ 〜につき

'〜につき'는 어떠한 것에 대해 얼마만큼의 분량이 필요한가를 나타내는 표현이다.
あたり는 나눗셈으로 계산한 결과 얼마만큼의 할당분이 되는지를 나타낸다.

① 遅刻1回につき500円の罰金を払ってもらいます。

② このクイズの制限時間は1問につき20秒です。

③ 日本人の1年間の米の消費量は、一人あたり約50キロだ。

④ 残業代を計算すると1時間あたり1,600円になる。

❷ 〜ようとする

'〜ようとする'는 '동사의 의지형 + とする'의 형태를 취하며 '~하려고 하다'라는 뜻으로,
행위자의 적극적인 의지를 나타낸다. '〜ようと思う'는 '~하려고 생각하다'라는 뜻으로,
행위자의 생각이나 예정 등을 나타낸다.

① 着なくなった服を捨てようとしたら母に止められた。

② 彼にどこで会ったのか思い出そうとしても思い出せない。

③ 卒業したら日本の企業で働こうと思っています。

④ 明日は朝早く起きて運動しようと思います。

③ 〜てたまらない

'〜てたまらない'는 '~해서 견딜 수가 없다, 너무(최고로) ~하다'라는 뜻으로, 참을 수 없다는 것을 나타낸다. '〜てしかたがない'는 '~해서 견딜 수가 없다'라는 뜻으로, 어찌할 방법, 도리가 없다는 것을 나타낸다.

① 留学してまだ２週間なのに、家族に会いたくてたまりません。

② 運動で汗を流した後のビールはおいしくてたまらない。

③ 同じチームになってから彼が私のことをどう思っているのか気になってしかたがない。

④ とても緊張して、マイクを持つ手が震えてしかたなかった。

④ 〜てみる

'〜てみる'는 '어떤 행위를 시험 삼아 해 보다'라는 뜻으로, 한국어의 '~해 보았다'와 같이 단순한 경험을 나타낼 때는 사용할 수 없다(아래 예문 ③과 ④의 경우 経験してみたことがあります, 暮らしてみたことがあります는 부자연스럽다). 과거의 경험은 '〜たことがある'를 사용해야 한다. 또한 みる는 보조동사로 사용되는 것이므로 한자로 쓰지 않는다.

① このピーマンは苦くないので一口食べてみてください。

② 新発売の化粧品のサンプルをもらって、三日間使ってみました。

③ 私は震度５の地震を経験したことがあります。

④ 父が外交官だったので、私はエジプトで３年ほど暮らしたことがあります。

① 관용표현

私は蚊の鳴くような声で「エコサマー」と言って何とかバスを降りた。 나는 아주 작은 목소리로 '에코 썸머'라고 말하고 간신히 버스에서 내렸다.

일본어에는 동물, 사람의 신체 부분 등과 관련된 다양한 관용표현이 있다. 猫の手も借りたいほど忙しい(너무 바쁘다), 目が飛び出るほど高い(깜짝 놀랄 정도로 비싸다) 등이 있다.

① ファンはみんな新曲が出るのを首を長くして待っていた。

팬들은 모두 신곡이 나오기를 학수고대했다.

② のどから手が出るほどほしかったカメラをやっと買うことができた。

너무나 갖고 싶었던 카메라를 겨우 살 수 있었다.

② 〜のだ

大人一人につき小学生二人まで料金が無料になるキャンペーンをやっていたのだ。

어른 한 명당 초등학생 두 명까지 요금이 무료가 되는 캠페인을 하고 있었던 것이다.

'〜のだ'의 주된 용법은 앞 문장의 이유를 기술할 때 사용하는 것이며, 이 경우에는 '〜からだ'와 바꾸어 사용할 수 있다. 이 외에도 어떤 상황에 대한 본인의 해석을 나타내거나, 앞서 기술한 내용을 다른 말로 바꿔서 기술할 때도 사용한다.

① いつもは空いているのに、今日は道が混んでいる。おそらく事故があったのだ。 평소에는 한산한데 오늘은 길이 막힌다. 아무래도 사고가 난 것 같다.

② 私はもうすぐ１８歳になる。１８歳になると選挙権が与えられる。投票で自分の意見を示せるようになるのだ。

나는 이제 곧 18세가 된다. 18세가 되면 선거권이 주어진다. 투표로 자신의 의견을 제시할 수 있게 되는 것이다.

MP3 05-1

小学校5年生の夏休みに、私は父と二人で京都を旅行した。

路線バスに乗っていると、下車する子供たちが運転手に向かって何か叫んでいるのが気になった。路線バスを降りる時に「エコサマー」と言うと、大人一人につき小学生二人まで料金が無料になるキャンペーンをやっていたのだ。私は何も言わずに降りようとしたが、父はそれを許さなかった。父に何度も背中を押され、蚊の鳴くような声で「エコサマー」と言って何とかバスを降りた。

その時は恥ずかしくてたまらなかったが、一度やってみたら平気になった。その後は、日本の小学生に混じって「エコサマー」と叫びながら、京都の街を自由に移動した。日本に溶け込めたような気がして嬉しかった。

*エコサマー(eco summer) : 에너지 절약을 위해 교토에서 실시된 캠페인

📝 본문 요약

◉ 본문의 핵심 내용을 요약해 봅시다.

1️⃣ 京都の路線バスでは、＿＿＿＿＿＿＿＿＿＿＿＿＿＿＿と料金が無料になる
キャンペーンをやっていた。

2️⃣ 最初に「エコサマー」と言った時は＿＿＿＿＿＿＿＿＿＿＿が、一度
言ったら＿＿＿＿＿＿＿＿＿＿＿。

3️⃣ 日本の小学生と同じように＿＿＿＿＿＿＿＿＿＿できたので、
＿＿＿＿＿＿＿＿＿＿＿ような気がして嬉しかった。

✏ 받아쓰기

◉ 문장을 듣고 써 봅시다.

◉ 작문을 하기 위한 쓸거리를 찾아봅시다.

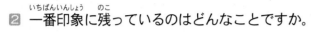

1. いつどこに行った旅行について紹介したいですか。

언제 어디로 갔던 여행에 대해 소개하고 싶습니까?

2. 一番印象に残っているのはどんなことですか。

가장 인상에 남아 있는 것은 무엇입니까?

3. 初めはどんな気持ちでしたか。

처음에는 어떤 기분이었습니까?

4. 途中でどんなできごとがありましたか。

도중에 어떤 일이 있었습니까?

5. どんな気持ちになりましたか。

어떤 기분이었습니까?

※ 작문 예시는 부록을 참고

◉ 질문에 대한 대답을 모아 문장을 작성해 봅시다.

だい ろっ か
第6課

ちょっと
じ まん
自慢できること
（자랑스러운 일）

• 학습목표 •

자랑스럽게 여기는 일을 이야기할 수 있다.

◉ 자기 자신에 대해서 작문하여 발표해 봅시다.

1 役に立つかどうかわかりませんが、私は＿＿＿＿＿＿＿＿＿

ことができます。

2 私は＿＿＿＿＿＿＿のころ＿＿＿＿＿＿＿＿＿＿（た / だ）

ことがあります。

3 私は運よく＿＿＿＿＿＿＿＿＿＿＿＿＿＿＿＿ことが

できました。

4 私は＿＿＿＿＿＿＿＿＿＿＿＿＿ことが自慢です。

5 ＿＿＿＿＿＿＿＿＿＿＿（た / だ）のはとてもいい経験でした。

🔎 예시문

❶ 役に立つかどうかわかりませんが、私は耳を動かすことができます。
쓸모가 있을지 모르겠지만, 저는 귀를 움직일 수 있습니다.

❷ 私は小学生のころ柔道を習ったことがあります。
저는 초등학생 때 유도를 배운 적이 있습니다.

❸ 私は運よくこの大学に合格することができました。
저는 운 좋게 이 대학에 합격할 수 있었습니다.

❹ 私は何でも話せる友達がいることが自慢です。
저는 뭐든지 얘기할 수 있는 친구가 있다는 것이 자랑입니다.

❺ 日本のホテルで仕事をしたのはとてもいい経験でした。
일본의 호텔에서 일을 한 것은 매우 좋은 경험이었습니다.

◉ 다음 ( ) 안에 들어갈 적당한 어휘를 고르세요.

1 私は幼い時からピアノを (弾いて / 打って) います。

나는 어렸을 때부터 피아노를 치고 있습니다.

2 母も若い時からピアノを (習って / 勉強して) いました。

엄마도 젊었을 때부터 피아노를 배우고 있었습니다.

3 先生はいつも (励まして / 応援して) くれたのでピアノを続ける

ことができました。

선생님은 항상 격려해 주셨기 때문에 피아노를 계속할 수 있었습니다.

---

1) 피아노나 기타와 같은 악기를 '치다'라고 할 때는 打つ가 아니라 弾く를 사용한다. 打つ는 물체를 두드릴 때 사용하는 표현이다..

2) 피아노는 반복적인 연습을 통해 몸에 익혀야 하는 분야로 習う를 사용한다. 한편 학문이나 지식을 습득할 때는 勉強する를 사용하는 것이 적절하다.

3) 励ます는 격려하고 힘을 돋우어 준다는 의미로 사용한다. 応援する는 주로 스포츠 경기에 사용하며, 失恋과 같이 상대방이 불편한 상황에 처한 경우에는 사용할 수 없다.

① バイオリニストがモーツァルトの曲を弾いています。

② 大工が金槌で釘を打っています。

③ 絵画教室に通って絵の描き方を習います。

④ 期末試験があるので、夜遅くまで勉強します。

⑤ 失恋をした友達を励まします。

⑥ 観客席から野球の選手たちを応援する。

◉ 다음 (   ) 안에 들어갈 적당한 표현·문형을 넣으세요.

> 보기   こと   おかげで   によると

1️⃣ 私がちょっと自慢できる(   )は小学生ピアノ

コンクールで優勝したことです。

내가 좀 자랑스럽게 여기는 일은 초등학생 피아노 콩쿠르에서 우승한 것입니다.

2️⃣ 母の話(   )私はそのピアノで１日中、遊んでいた

そうです。

엄마 이야기에 의하면 나는 그 피아노로 하루 종일 놀고 있었다고 합니다.

3️⃣ 先生の(   )小学６年生の時にコンクールで

優勝することができました。

선생님 덕분에 초등학교 6학년 때 콩쿠르에서 우승할 수 있었습니다.

❶ 〜ことは 〜です

'〜ことは 〜です'는 동사에 조사 は가 바로 이어질 수 없기 때문에 명사처럼 만들어 주는 こと가 사용된 표현이다. 이와 같은 명사화는 '〜のは 〜です'도 가능하다. '私が ちょっと自慢できるのは 〜です'와 같이 사용하여 강조하는 느낌을 나타낸다.

① 今まで一番嬉しかったことは、友達が内緒で誕生日を祝ってくれたこと です。

② 定期的に運動することは健康を維持するために非常に重要です。

③ 大人になった今でも思い出すのは夏休みに祖母の家に行って遊んだこと です。

④ 母がいつも見るのは韓流スターが出演するテレビ番組です。

❷ 〜によると

'〜によると'는 정보의 출처, 추측의 근거를 나타낼 때 사용하는 표현으로, 다른 사람이 나 출처로부터 얻은 정보를 전달하는 전문 표현인 '〜そうだ, 〜らしい, 〜ということ だ'와 함께 사용된다. 한편 '〜によって'는 원인이나 수단·방법을 나타낸다. '彼の話に よって、心が変わった'와 같이 사용한다.

① ニュースによると、科学者が新しい発見をしたそうです。

② 噂によると、ここには幽霊が出るらしい。

③ この図書館は多くの人の寄付によって、建てられた。

④ パイロットの判断によって、事故を避けることができた。

③ 〜おかげで

'〜おかげで'는 좋은 결과의 원인・이유를 가리킬 때 사용하는 '덕분에'라는 뜻이다. 그리고 おかげさまで는 상대방에 대한 감사의 마음을 나타내는 표현이다. 또한 오랜만에 만난 사람과 인사할 때 お元気ですか에 대해 おかげさまで로 대답하여 '덕분에 잘 지낸다'라는 뜻으로 사용한다.

① インターネットのおかげで多くのことが可能になりました。

② 彼がアドバイスしてくれたおかげで成功することができました。

③ おかげさまで元気に過ごしております。

④ おかげさまで無事に退院することができました。

① 〜てから

小学生になってからは近所にある音楽教室で本格的に習いました。

초등학생이 되고 나서는 근처에 있는 음악 학원에서 본격적으로 배웠습니다.

'〜てから'는 전후 순서를 명확히 해 주는 표현이다. '〜てから'는 '~하고 나서' 그 이후 어떤 일이 시작되었다는 것을 나타낸다. 다만 전후 관계가 명확한 경우에는 '〜てから'는 사용하지 않는다.

① 歯磨きをしてから、ごはんを食べる。(○) 이를 닦고 나서 밥을 먹는다.
② ドアを開けて、部屋に入る。(○) 문을 열고 방에 들어가다.
③ ドアを開けてから、部屋に入る。(×) 문을 열고 나서 방에 들어가다. (×)

② いつか

いつか子供達にピアノを教えることもしてみたいです。

언젠가 아이들에게 피아노를 가르치는 일도 해 보고 싶습니다.

いつか는 미래의 불특정한 때를 나타낸다. '언젠가는, 조만간'이라는 뜻이고, 희망 표현과 함께 사용한다. 과거의 불특정한 때도 나타낼 수 있다.

① いつか日本に１年ほど住んでみたい。(미래)

언젠가 일본에 1년 정도 살아 보고 싶다.

② ここにはいつか来たことがある。(과거)

여기는 언젠가 온 적이 있다.

MP3 06-1

私がちょっと自慢できることは小学生ピアノコンクールで優勝したことです。私は幼い時からピアノを弾いています。母も若い時からピアノを習っていて、私が生まれた時には家にピアノがありました。母の話によると私はそのピアノで1日中、遊んでいたそうです。

ピアノは母からも習いましたが、小学生になってからは近所にある音楽教室で本格的に習いました。練習は大変でしたが、先生はやさしくて、いつも励ましてくれたのでピアノを続けることができました。先生のおかげで小学6年生の時にコンクールで優勝することができて本当にうれしかったです。今でもコンクールの賞状が部屋に飾ってあります。いつか子供達にピアノを教えることもしてみたいです。

✏ **본문 요약**

◉ 본문의 핵심 내용을 요약해 봅시다.

1 私が自慢できることは ＿＿＿＿＿＿＿＿＿＿＿＿＿＿＿＿＿ だ。

2 母の話によると ＿＿＿＿＿＿＿＿＿＿＿＿＿＿＿＿＿＿＿＿＿ 。

3 先生のおかげで ＿＿＿＿＿＿＿＿＿＿＿＿＿＿＿ ことができた。

받아쓰기

◉ 문장을 듣고 써 봅시다.

◉ 작문을 하기 위한 쓸거리를 찾아봅시다.

1 自慢できることは何ですか。

자랑스럽게 여기는 일은 무엇입니까?

2 なぜ、○○を自慢することができますか。

왜 ○○를 자랑할 수 있습니까?

3 ○○に関するエピソードはありますか。

○○와 관련된 에피소드는 있습니까?

4 ○○は今の生活とどんな関連がありますか。

○○는 현재 생활과 어떤 관련이 있습니까?

5 これからの生活と○○はどんな関連がありますか。

앞으로의 생활과 ○○는 어떤 관련이 있습니까?

※ 작문 예시는 부록을 참고

'${ちょっと自慢できること}$'와 관련된 작문 연습

◉ 질문에 대한 대답을 모아 문장을 작성해 봅시다.

かんこく ぶんか ふうしゅう
韓国の文化や風習

(한국 문화와 풍습)

• 학습목표 •

한국 문화와 풍습에 대해서 소개할 수 있다.

◉ 한국 문화와 풍습에 대해서 작문하여 발표해 봅시다.

1 日本と違って、韓国では＿＿＿＿＿＿＿＿＿＿＿＿ます/です。

2 ＿＿＿＿＿＿＿＿＿＿＿＿のはいい習慣だと思います。

3 ＿＿＿＿＿＿＿＿＿＿＿＿は韓国が世界に自慢できる
ものだと思います。

4 韓国の新しい風習の中で、＿＿＿＿＿＿＿＿＿＿を
紹介したいです。

5 外国人が韓国に来て＿＿＿＿＿＿＿＿＿(た / だ)ら、
きっと驚くと思います。

🔍 예시문

❶ 日本と違って、韓国ではスプーンでご飯を食べます。

일본과 달리 한국에서는 숟가락으로 밥을 먹습니다.

❷ 両手で握手をするのはいい習慣だと思います。

두 손으로 악수를 하는 것은 좋은 습관이라고 생각합니다.

❸ キムジャンの文化は韓国が世界に自慢できるものだと思います。

김장 문화는 한국이 세계에 자랑할 수 있는 것이라고 생각합니다.

❹ 韓国の新しい風習の中で、ブラックデーを紹介したいです。

한국의 새로운 풍습 중, 블랙데이를 소개하고 싶습니다.

❺ 外国人が韓国に来て大学入試の様子を見たら、きっと驚くと思います。

외국인들이 한국에 와서 대학 입시(수능)의 상황을 보면 분명 놀랄 것이라고 생각합니다.

◉ 다음 (　) 안에 들어갈 적당한 어휘를 고르세요.

1 わかめには骨^{ほね}を (丈夫^{じょうぶ}に / 健康^{けんこう}に) したり血液^{けつえき}をきれいにしたりする成分^{せいぶん}がたくさん含^{ふく}まれています。

미역에는 뼈를 튼튼하게 하거나 피를 맑게 하는 성분이 많이 포함되어 있습니다.

2 (自分^{じぶん} / 自身^{じしん})を生^うんでくれた母親^{ははおや}の苦労^{くろう}を忘^{わす}れないために、誕生日^{たんじょうび}にわかめスープを食^たべるようになったのです。

자기를 낳아 주신 어머니의 노고를 잊지 않기 위해서 생일에 미역국을 먹게 된 것입니다.

3 このわかめスープの風習^{ふうしゅう}は大切^{たいせつ}にしていくべきだと (思^{おも}って / 考^{かんが}えて) います。

이런 미역국을 먹는 풍습은 소중히 여겨야 한다고 생각합니다.

---

1) 丈夫^{じょうぶ}だ는 신체가 건강하고 튼튼한 것 혹은 사물이 견고하고 단단하다는 뜻이다. 健康^{けんこう}だ는 몸이나 마음이 전체적으로 건강한 것을 나타낸다.

2) 自分^{じぶん}은 '자기'라는 뜻으로, 화자가 私^{わたし} 대신에 본인을 가리킬 때도 사용할 수 있다. 自身^{じしん}은 '자신'을 뜻하며 私自身^{わたしじしん}이나 彼自身^{かれじしん}과 같이 사용한다.

3) 思^{おも}う는 '생각하다'라는 뜻이며 '상상하다, 걱정하다, 사랑하다' 등과 같이 주로 주관적이고 감각적인 생각을 나타낸다. 考^{かんが}える는 '고안하다'와 같이 주로 지식과 경험을 바탕으로 한 구체적이고 이성적인 생각을 나타낸다.

① このかばんは軽^{かる}くて丈夫^{じょうぶ}な素材^{そざい}でできています。

② 規則正^{きそくただ}しい生活^{せいかつ}をするようになってから、以前^{いぜん}より健康^{けんこう}になりました。

③ 高度^{こうど}な技術^{ぎじゅつ}が必要^{ひつよう}な仕事^{しごと}は、今^{いま}の自分^{じぶん}には無理^{むり}だ。

④ 彼^{かれ}が起^おこした問題^{もんだい}だから、彼自身^{かれじしん}が解決^{かいけつ}しなければならない。

⑤ 仕事^{しごと}は大変^{たいへん}ですが、辞^やめたいと思^{おも}ったことは一度^{いちど}もありません。

⑥ 小学校^{しょうがっこう}の社会科^{しゃかいか}の授業^{じゅぎょう}でSNSの使^{つか}い方^{かた}について考^{かんが}えました。

표현·문형 연습

◉ 다음 (   ) 안에 들어갈 적당한 표현·문형을 넣으세요.

> **보기**　たびに　ことになっている　べきだ　とともに

1. 我が家では誕生日のわかめスープは「生んでくれてありがとう」と挨拶してからいただく(　　　　　　　)。

   저희 집에서는 생일에 미역국은 "낳아줘서 고마워요"라고 인사하고 나서 먹게 되어 있다.

2. 誕生日の(　　　　　　　)自分が生まれたことに感謝できるので、とてもいいことだと思います。

   생일 때마다 자기가 태어난 것에 감사할 수 있기 때문에 아주 좋은 것이라고 생각합니다.

3. 時代(　　　　　　　)誕生日の祝い方は変化していくかもしれません。

   시대가 변하면서 생일 축하 방식은 변할지도 모릅니다.

4. わかめスープの風習は大切にしていく(　　　　　　　)と思っています。

   미역국을 먹는 풍습은 소중히 여겨야 한다고 생각합니다.

❶ ～ことになっている

'～ことになっている'는 '~하기로 되어 있다'라는 뜻으로, 단체에서 정한 규칙이나 관습을 나타낸다. '～ようになっている'는 '~하도록 되어 있다'는 뜻으로, 기계나 시스템 등이 어떤 목적을 위해 그렇게 되어 있음을 나타낸다.

① 社員が順番にトイレを掃除することになっている。

② お客様の個人情報は公開できないことになっています。

③ 暗くなると街灯がつくようになっている。

④ 箱のマークで中身が分かるようになっています。

❷ ～たびに

'～たびに'는 '~때마다'라는 뜻으로, 어떤 동작을 할 때 언제나 그 일이 발생한다는 것을 나타낸다. '명사＋の'의 형태나 '동사'에 접속한다.
'～ごとに'는 시간이나 수량을 나타내는 단어와 함께 '~마다, 각기' 등의 뜻으로 사용된다. '명사'나 '동사'에 접속한다.

① この映画を見るたびに同じ場面で泣いてしまう。

② 引っ越しのたびに新しい家具を買うのはもったいない。

③ グループごとに意見をまとめて発表してください。

④ このアルバイトは1週間ごとにシフトが変わります。

❸ 〜とともに

'〜とともに'는 '~와 함께, ~와 더불어'라는 뜻으로, 사람이나 물건 등과 함께 함을 의미하거나, 어떠한 변화와 더불어 다른 변화가 발생한다는 것을 나타낸다. '〜と一緒に'도 '~와 함께'라는 뜻인데, 주로 일상적인 상황에서 사용한다.

① 同じ夢を持つ仲間とともに会社を作るつもりだ。

② 電子メールの普及とともに手紙を書く機会は少なくなった。

③ 昨日友達と一緒にカフェで勉強をした。

④ この薬は他の薬と一緒に飲まないでください。

❹ 〜べきだ

'〜べきだ'는 '~해야만 한다'는 뜻으로, 어떠한 행동이 타당하다고 판단하여 조언이나 충고를 할 때 주로 사용한다. する의 경우에는 するべき나 すべき 둘 다 사용할 수 있다. '〜なければならない'는 '~하지 않으면 안 된다'는 의무를 나타내며 규칙이나 예정 등과 같은 정해져 있는 일에 대해서 사용한다. 자신의 일에 대해서도 사용할 수 있다.

① 自分の意見ははっきり言うべきです。

② 人を見かけで判断すべきではない。

③ 単位を取るためには試験にパスしなければならない。

④ まだ仕事があるので、今日は残業しなければなりません。

❶ ～ていく / ～てくる

昔から韓国では、産後の回復のためにわかめスープが食べられてきました。 옛날부터 한국에서는 출산 후 회복을 위해서 미역국을 먹어 왔습니다.

このわかめスープの風習は大切にしていくべきだと思っています。 이런 미역국을 먹는 풍습은 소중히 여겨야 한다고 생각합니다.

'～ていく'는 '~해 가다'라는 뜻으로, 발화 시점 이후의 동작의 진행이나 상태의 변화를 나타낸다. '～てくる'는 '~되어 오다, ~해지다'라는 뜻으로, 발화 시점까지의 동작의 진행이나 상태를 나타낸다.

① これまでは会社という組織の一員として生きてきた。
지금까지는 회사라는 조직의 일원으로 살아왔다.

② これからは実家の旅館を経営していくつもりだ。
앞으로는 본가에서 하는 여관을 운영해 나갈 생각이다.

❷ 시간을 나타내는 '명사 + に'

韓国には誕生日にわかめスープを食べる風習があります。
한국에는 생일에 미역국을 먹는 풍습이 있습니다.

시간을 나타내는 명사에는 '～に'를 붙이는 경우와 그렇지 않은 경우가 있다. '생일, 어린이날, 2023년'과 같이 변하지 않는 절대적인 시간에는 '～に'를 붙이고, '내일, 지난 주'와 같이 말하는 시점에 따라 달라지는 시간에는 '～に'를 붙이지 않는다.

① 新製品は来週の木曜日に入荷する予定です。 신제품은 다음 주 목요일에 입하될 예정입니다.

② 今朝目を覚まして窓を開けたら、雪が積もっていた。
오늘 아침에 깨어나서 창문을 열었더니 눈이 쌓여 있었다.

MP3 07-1

韓国には誕生日にわかめスープを食べる風習があります。

わかめには骨を丈夫にしたり血液をきれいにしたりする成分が

たくさん含まれています。昔から韓国では、産後の回復のために

わかめスープが食べられてきました。それで、自分を生んでくれ

た母親の苦労を忘れないために、誕生日にわかめスープを食べる

ようになったのです。

我が家では誕生日のわかめスープは「生んでくれてありがとう」

と挨拶してからいただくことになっています。誕生日のたびに自分

が生まれたことに感謝できるので、とてもいいことだと思います。

時代とともに誕生日の祝い方は変化していくかもしれませんが、

このわかめスープの風習は大切にしていくべきだと思っています。

📝 본문 요약

◉ 본문의 핵심 내용을 요약해 봅시다.

1 韓国では昔から＿＿＿＿＿＿＿＿ためにわかめスープが＿＿＿＿＿＿＿＿。

2 ＿＿＿＿＿＿＿＿＿＿＿＿＿を忘れないために、韓国では誕生日に

わかめスープを食べる。

3 ＿＿＿＿＿＿＿＿＿＿＿＿＿＿＿＿＿＿ので、わかめスープの風習は

いいと思う。

받아쓰기

◉ 문장을 듣고 써 봅시다.

◉ 작문을 하기 위한 쓸거리를 찾아봅시다.

1 韓国のどんな文化や風習を紹介しますか。

한국의 어떤 문화나 풍습을 소개하시겠습니까?

....

2 その風習にはどんな由来や意味がありますか。

그 풍습에는 어떤 유래나 의미가 있습니까?

....

3 一般的にどんなことをしますか。

일반적으로 어떤 것을 합니까?

....

4 自分はどんなことをしましたか。

자신은 어떤 것을 했습니까?

....

5 その風習についてどんな意見を持っていますか。

그 풍습에 대해 어떤 의견을 가지고 있습니까?

....

※ 작문 예시는 부록을 참고

◉ 질문에 대한 대답을 모아 문장을 작성해 봅시다.

季節を感じる食べ物
きせつ　かん　た　もの

(계절을 느낄 수 있는 음식)

● 학습목표 ●

계절마다 즐기는 음식을 소개할 수 있다.

◉ 계절을 느낄 수 있는 음식에 대해서 작문하여 발표해 봅시다.

1 ＿＿＿＿＿＿＿＿＿＿＿＿＿と、春が来たことを実感します。

2 暑い夏には＿＿＿＿＿＿＿＿＿を食べるのが一番です。

3 秋は＿＿＿＿＿＿＿＿＿がおいしい季節です。

4 寒い冬には＿＿＿＿＿＿＿＿＿を食べることをお勧めします。

5 ＿＿＿＿＿＿＿＿になると、おいしい＿＿＿＿＿＿＿が

食べたくなります。

🔍 예시문

❶ 店にいちごが並ぶと、春が来たことを実感します。

가게에 딸기가 진열되면 봄이 왔다는 것을 실감합니다.

❷ 暑い夏にはさっぱりした冷麺を食べるのが一番です。

더운 여름에는 산뜻한 냉면을 먹는 것이 최고입니다.

❸ 秋はワタリガニがおいしい季節です。

가을은 꽃게가 맛있는 계절입니다.

❹ 寒い冬には屋台のおでんを食べることをお勧めします。

추운 겨울에는 포장마차의 어묵을 먹는 것을 추천합니다.

❺ 秋になると、おいしい梨が食べたくなります。

가을이 되면 맛있는 배가 먹고 싶어집니다.

◉ 다음 (　) 안에 들어갈 적당한 어휘를 고르세요.

1 トゥッペギという小さい土鍋に(入って / 入れて)、食卓に
出されます。

뚝배기라는 작은 항아리에 담아 식탁에 나옵니다.

2 鶏のお腹にもち米やなつめなどが(詰めて / 押し込んで)
あります。

닭의 배 안에 찹쌀이나 대추 등이 들어 있습니다.

3 (多くの / 多い)人が食堂に行って蔘鶏湯を注文します。

많은 사람이 식당에 가서 삼계탕을 주문합니다.

---

1) 入る는 자동사 '들어가다'로 스스로 들어가는 행위, 자연적 움직임에 사용하고, 入れ
る는 타동사 '넣다'로 사람이 대상을 공간에 넣는다는 상황에 사용한다.

2) 詰める는 빈 공간에 채워 넣는다는 의미로 사용하고, 押し込む는 좁은 공간에 억지
로 밀어 넣는 경우에 사용한다.

3) 多い는 명사를 수식하는 경우에는 '多くの + 명사'의 형태로 사용한다.

① ゲーム終了の直前にサッカーボールがゴールポストに入りました。

② 苦いのが苦手なので、いつもコーヒーにミルクを入れて飲みます。

③ 毎朝、子どもの弁当箱におかずを詰めます。

④ かばんが小さいので、荷物を押し込まなければなりません。

⑤ 天気がいいので、今日のお祭りには多くの人が訪れました。

⑥ 今日は近所でお祭りが開かれるので人が多いです。

◉ 다음 (   ) 안에 들어갈 적당한 표현·문형을 넣으세요.

> 보기   おそれ   わけ   てばかり   あります

1. ７月や８月の暑い季節は夏バテする(　　　　　)があります。

   7월이나 8월의 더운 계절은 더위를 먹을 우려가 있습니다.

2. 鶏のお腹にもち米やなつめなどが詰めて(　　　　　)。

   닭의 배 안에 찹쌀이나 대추 등이 들어 있습니다.

3. 「暑い時期に熱いものを食べて元気を出す」という

   (　　　　　)です。

   '더운 시기에 뜨거운 것을 먹고 기운을 낸다'는 것입니다.

4. 暑い時期に冷たい物を食べ(　　　　　)ではいけない。

   더운 시기에 차가운 것만 계속 먹어서는 안 된다.

❶ ～おそれがある

'～おそれがある'는 '～우려가 있다'는 뜻으로, 어떤 부정적인 일이 발생할 가능성이 있는 것을 나타낸다. 한편 '～可能性がある'는 미래의 전망이나 가능성을 나타내는 표현으로 긍정적인 일과 부정적인 일에 사용 가능하다.

① ここは大雨が降ったら、土砂崩れが起きるおそれがあります。

② 明日の朝、台風が上陸するおそれがあります。

③ この新しい薬で病気が治る可能性があります。

④ 子どもの数の減少は深刻な社会問題を引き起こす可能性があります。

❷ 타동사 + てある

'타동사+てある'는 동작이 완료된 후의 결과 상태를 나타낸다. 누군가의 의도적인 행위에 의해 그러한 상태로 되어 있음을 의미한다. 타동사의 '～を詰める'에서 조사 부분이 '～が詰めてある'로 바뀌므로 주의해야 한다.

한편 '타동사+ておく'는 무엇을 하기 전에 목표 달성을 위해 미리 준비한다는 의미를 나타낸다. '～を+타동사'의 조사 を를 그대로 둔다.

① 部屋に風が入るように窓が開けてあります。

② 掲示板に注意事項が書いてあります。

③ 上司の指示を忘れないようにメモしておきます。

④ 来週のクリスマスのためにプレゼントを買っておきます。

❸ わけだ

わけだ는 어떤 대상을 근거를 두고 설명하거나 해설할 때 또는 필연적으로 논리적인 결론을 주장할 때 사용한다. '〜というわけだ'는 어떤 내용을 알기 쉽게 설명해 주고 있다. 한편 はずだ는 화자가 근거를 바탕으로 확신에 가까운 추측, 기대를 나타내거나 '당연하다'고 납득할 때 사용한다.

① 今日から選挙運動が始まったようです。どうりで街がうるさいわけです。

② ダイエットしようと思いましたが、1週間も続きませんでした。「三日坊主」というわけです。

③ そんなことをやさしい木村さんは言わないはずです。

④ 商談の時間を守らなかったのなら、取引先も怒るはずです。

❹ 〜てばかり

'〜てばかり'는 어떤 행위를 몇 번씩 반복적으로 할 때 그 행위에 대해 비판적인 입장을 표현한다. 한편 '〜たばかり'는 동작이 완료하고 나서 얼마 지나지 않았음을 나타낸다. 또한 화자가 심리적으로 시간이 얼마 지나지 않았다고 판단하는 경우에도 사용할 수 있다.

① 休日、うちの夫はテレビを見てばかりいます。

② 息子はマンガを読んでばかりで勉強をしません。

③ 日本に来たばかりです。3か月しか経っていません。

④ 昨年引っ越したばかりですが、また引っ越しすることにしました。

❶ ～や ～など

鶏のお腹にもち米やなつめなどが詰めてあります。

닭의 배 안에 찹쌀이나 대추 등이 들어 있습니다.

열거할 대상이 많은 가운데 대표적인 것을 나열하는 경우 '～や ～など'를 사용한다. AやB는 A, B 이외에도 무엇인가 있다는 것을 의미한다. 한편 AとB는 A, B 두 개만 있다는 것을 의미한다.

① この店には米や野菜などがある。

　　　이 가게에는 쌀이나 채소 등이 있다

② この店には秋田の米と京都の野菜がある。

　　　이 가게에는 아키타 쌀과 교토 채소가 있다.

❷ 特に

特に「初伏」「中伏」「末伏」という特別な日には多くの人が注文します。

특히 '초복', '중복', '말복'이라는 특별한 날에는 많은 사람들이 주문합니다.

特には 보통과 달리 눈에 띄는 경우, 다른 것과 확실히 구별되는 경우를 나타낼 때 사용한다. 一段と, とりわけ도 유사 표현이다.

① 今年の夏は特に / 一段と / とりわけ暑い。

　　　올해 여름은 특히 덥다.

② 彼は先生の前で特に / 一段と / とりわけ礼儀正しい。

　　　그는 선생님 앞에서 특히 예의 바르다.

MP3 08-1

7月や8月の暑い季節は夏バテするおそれがあります。日本には土用の丑の日にうなぎを食べる風習があります。この時期に韓国では「蔘鷄湯」を食べます。滋養のための煮込み料理で、鶏のお腹にもち米やなつめなどが詰めてあります。「暑い時期に熱いものを食べて元気を出す」というわけです。鶏を丸々1羽使い、トゥッペギという小さい土鍋に入れて、食卓に出されます。食べる時は小皿に鶏肉を取り出し、塩や胡椒を付けて食べます。特に「初伏」「中伏」「末伏」という特別な日には多くの人が食堂に行って蔘鷄湯を注文します。「暑い時期に冷たい物を食べてばかりではいけない」という考え方があるのだと思います。

* 土用の丑の日：여름 절기 중 소의 날

✏ **본문 요약**

◉ 본문의 핵심 내용을 요약해 봅시다.

1　7月や8月の暑い季節は＿＿＿＿＿＿＿＿＿＿がある。

2　暑い時期に＿＿＿＿＿＿＿＿＿＿＿というわけだ。

3　韓国には＿＿＿＿＿＿＿＿＿＿＿という考え方がある。

✎ 받아쓰기

◉ 문장을 듣고 써 봅시다.

◉ 작문을 하기 위한 쓸거리를 찾아봅시다.

☐1 あなたにとっての季節の食べ物は何ですか。

당신에게 있어 계절 음식은 무엇인가요?

_____

☐2 ○○はどのような食べ物ですか。

○○는 어떤 음식입니까?

_____

☐3 ○○はどのように作りますか。

○○는 어떻게 만듭니까?

_____

☐4 なぜ○○を食べますか。

왜 ○○를 먹습니까?

_____

☐5 ○○と関連する個人的なエピソードはありますか。

○○와 관련된 개인적 에피소드가 있습니까?

_____

※ 작문 예시는 부록을 참고

'季節を感じる食べ物'와 관련된 작문 연습

● 질문에 대한 대답을 모아 문장을 작성해 봅시다.

私がお勧めする作品

わたし すす さく ひん

(내가 추천하는 작품)

● 학습목표 ●

내가 추천하고 싶은 작품을 소개할 수 있다.

◉ 자기 자신에 대해서 작문하여 발표해 봅시다.

1. 私は子どもの頃『＿＿＿＿＿＿＿』という ＿＿＿＿＿＿が

   大好きでした。

2. 私は『＿＿＿＿＿＿』という ＿＿＿＿＿＿にはまっていた

   ことがあります。

3. 私が一番好きな映画は『＿＿＿＿＿＿＿＿＿』です。

4. 私は＿＿＿＿＿＿＿の作品が好きです。

5. やはり、『＿＿＿＿＿＿＿＿＿』は名作だと思います。

🔍 예시문

① 私は子どもの頃『スイミー』という絵本が大好きでした。

저는 어렸을 때 '스이미'라는 그림책을 아주 좋아했습니다.

② 私は『ナルト』という漫画にはまっていたことがあります。

저는 '나루토'라는 만화에 빠져 있던 적이 있습니다.

③ 私が一番好きな映画は『ラ・ラ・ランド』です。

제가 가장 좋아하는 영화는 '라라랜드'입니다.

④ 私は村上春樹の作品が好きです。

저는 무라카미 하루키의 작품을 좋아합니다.

⑤ やはり、『モモ』は名作だと思います。

역시 '모모'는 명작이라고 생각합니다

◉ **다음 (　) 안에 들어갈 적당한 어휘를 고르세요.**

1　私は主人公の少年、竈門炭治郎の人間性に心を (打たれ / 叩かれ) ました。

저는 주인공인 소년 가마도 단지로의 인간성에 감동을 받았습니다.

2　炭治郎は妹や人々を救うために、人を食う鬼と (戦い / 喧嘩し) ます。

단지로는 여동생과 사람들을 구하기 위해 사람을 잡아먹는 귀신들과 싸웁니다.

3　皆さんもこの作品を読んで心を (燃やして / 焼いて) ください。

여러분들도 이 작품을 읽고 의지를 불태워 주세요.

---

1) 打つ는 '치다, 때리다'라는 뜻이다. 叩く는 '치다, 두드리다'라는 뜻이고, 반복적으로 행하는 행동에 사용한다.

2) 戦う는 전쟁처럼 무력을 사용하여 서로 싸우는 것을 나타내고, 승부를 겨루거나 '경쟁하다'라는 뜻으로도 사용한다. 喧嘩する는 육체적으로 서로 때리거나 말싸움을 하는 것을 나타낸다.

3) 燃やす는 '태우다'라는 뜻으로, 감정을 고조시킨다는 의미로도 사용한다. 焼く는 '굽다'라는 뜻이다.

① 階段で転んだ時に頭を打ってしまいました。

② 幼い頃はよく祖母の肩を叩いてあげました。

③ 私たちは決勝戦でブラジルチームと戦うことになった。

④ おもちゃを取り合って、子供たちが喧嘩している。

⑤ この発電所では天然ガスを燃やした熱で電気を作っている。

⑥ 魚は弱火で焼いた方がおいしくなる。

◉ 다음 ( ) 안에 들어갈 적당한 표현 · 문형을 넣으세요.

> **보기**　　とおり　　たがる　　きり　　を<ruby>通<rt>とお</rt></ruby>して

1 <ruby>読<rt>よ</rt></ruby>み<ruby>始<rt>はじ</rt></ruby>めたら<ruby>止<rt></rt></ruby>められなくなって、たった<ruby>二日<rt>ふつか</rt></ruby>で<ruby>全<rt>ぜん</rt></ruby>２３<ruby>巻<rt>にじゅうさんかん</rt></ruby>を<ruby>読<rt>よ</rt></ruby>み( )ました。

읽기 시작했더니 멈출 수가 없게 되어 단 이틀 만에 23권 전권을 다 읽었습니다.

2 <ruby>自己満足<rt>じこまんぞく</rt></ruby>のために<ruby>強<rt>つよ</rt></ruby>くなり( )のではなく、<ruby>大事<rt>だいじ</rt></ruby>な<ruby>人<rt>ひと</rt></ruby>を<ruby>守<rt>まも</rt></ruby>るために<ruby>必死<rt>ひっし</rt></ruby>で<ruby>強<rt>つよ</rt></ruby>くなろうとします。

자기만족을 위해서 강해지고 싶어 하는 것이 아니라 소중한 사람을 지키기 위해서 필사적으로 강해지려고 합니다.

3 「<ruby>人<rt>ひと</rt></ruby>は<ruby>心<rt>こころ</rt></ruby>が<ruby>原動力<rt>げんどうりょく</rt></ruby>だから<ruby>心<rt>こころ</rt></ruby>はどこまでも<ruby>強<rt>つよ</rt></ruby>くなれる」という<ruby>台詞<rt>せりふ</rt></ruby>の( )、くじけそうになっても<ruby>自分<rt>じぶん</rt></ruby>を<ruby>励<rt>はげ</rt></ruby>まして<ruby>頑張<rt>がんば</rt></ruby>ります。

"사람은 마음이 원동력이기 때문에 마음은 어디까지나 강해질 수 있다"는 대사처럼 좌절할 것 같아도 자신을 격려하며 노력합니다.

4 この<ruby>作品<rt>さくひん</rt></ruby>( )<ruby>優<rt>やさ</rt></ruby>しさは<ruby>強<rt>つよ</rt></ruby>さであることを<ruby>学<rt>まな</rt></ruby>びました。

이 작품을 통해서 부드러운 것은 강하다는 것을 배웠습니다.

❶ ～きる

'동사ます형 + きる'는 '완전히 ~하다, 전부 ~하다'라는 뜻으로, 어떠한 동작을 남김없이 끝까지 다 한다는 것을 나타낸다. '동사ます형 + 終わる'는 '~하는 것을 마치다'라는 뜻으로, 어떠한 동작의 종결을 나타낸다.

① この製品は開封したらその日のうちに使いきってください。

② このレストランは食べきれなかった料理を持ち帰ることができます。

③ はさみを使い終わったら元の場所に戻してください。

④ まだ食べ終わっていないのに、店員がテーブルを片付け始めた。

❷ ～たがる

'동사ます형 + たがる'는 '~하고 싶어 하다'라는 뜻으로, 제3자 본인이 무엇인가 하기를 희망하는 것을 나타낸다. '동사て형 + ほしい'는 '(상대방이) ~해 주었으면 좋겠다'라는 뜻이다.

① 猫が外に出たがって、窓の前で鳴いている。

② 入社して１ヵ月も経っていないのに、彼女は会社を辞めたがっている。

③ 人はみんな自分の話を誰かに聞いてほしいと思っている。

④ その資料をメールで送ってほしいんですが。

❸ ~とおり

'명사のとおり'나 '명사どおり'는 '説明のとおり, うわさどおり'처럼 '~대로'라는 뜻으로, 제시된 내용 그대로인 것을 나타낸다. '동사た형 + とおり'도 앞의 정보나 예상과 같은 결과가 뒤에 올 때 사용한다. '~まま'는 '~대로'라는 뜻으로, 상태가 변하지 않고 유지되는 것을 나타내며 '명사のまま, 동사た형 + まま'의 형태로 사용한다.

① 工場でのアルバイトは、うわさどおりとてもきつかった。

② 母が教えてくれたとおりに作ったのに、同じ味にならなかった。

③ 教育実習のために母校の中学校に行ったら、校舎は昔のままだった。

④ クーラーをつけたまま眠ったら、のどが痛くなりました。

❹ ~を通して

'~を通して'는 '~을 통해서'라는 뜻으로, 무엇인가를 매개로 해서 어떠한 일을 할 때 사용한다. '~によって'는 '~에 의해, ~로써'라는 뜻으로, 어떠한 결과나 상태가 발생한 원인이나 수단을 나타낸다.

① 木を治療する医者がいることを、この映画を通して初めて知りました。

② 奨学金の申し込みは事務所を通して行ってください。

③ 相続の問題によって兄弟の仲が悪くなってしまった。

④ AIを導入することによって労働力不足が解決できるだろう。

❶ 간략한 문장 만들기

くじけそうになっても自分を励まして、頑張って、強い剣士に
成長していきます。

좌절할 것 같아도 자신을 격려하며 노력하여 강한 검객으로 성장해 갑니다.

くじけそうになっても自分を励まして頑張ります。そして、強
い剣士に成長していきます。

좌절할 것 같아도 자신을 격려하며 노력합니다. 그리고 강한 검객으로 성장해 갑니다.

일본어 문장은 '동사＋て'로 이어나가야 하는 경우에는 대개 한 개나 두 개의 문장만 연결하
고, 일단 문장을 끝낸 후 접속사를 사용하면 자연스럽다.

① 今回の授業では、いろいろなスーパーに行って、食料品の値段を調べて、
その結果をグラフや表にして、グループごとに発表します。

이번 수업에서는 여러 슈퍼에 가서 식료품 가격을 조사하여 그 결과를 그래프나 표로 만들어서 그룹별로 발표
합니다.

② 今回の授業では、いろいろなスーパーに行って、食料品の値段を調べま
す。そして、その結果をグラフや表にして、グループごとに発表します。

이번 수업에서는 여러 슈퍼에 가서 식료품 가격을 조사합니다. 그리고 그 결과를 그래프나 표로 만들어서 그룹
별로 발표합니다.

❷ 감정을 나타내는 다양한 표현

작품을 읽고 자신의 느낌이나 생각을 표현하는 것은 쉬운 일이 아니다. よかった, 面白かっ^{おもしろ}た, 感動した^{かんどう} 등과 같은 간단한 표현으로는 자신의 생각이 충분히 전달되기 힘들다. 다음과 같은 표현을 잘 활용하여 작품에 대한 자신의 감상을 풍부하고 효과적으로 표현해 보자.

감동을 나타내는 표현	슬픔을 나타내는 표현
心に響く こころ　ひび 마음에 와 닿다 心に染みる こころ　し 마음에 사무치다 心が温まる こころ　あたた 마음이 따뜻해지다 胸が熱くなる むね　あつ 가슴이 뜨거워지다	胸が締めつけられる むね　し 가슴이 미어지다 涙が止まらない なみだ　と 눈물이 멈추지 않다 切ない せつ 안타깝다
기대감이나 긴장감을 나타내는 표현	흥미를 나타내는 표현
わくわくする 설레다 ドキドキする 두근두근하다 はらはらする 조마조마하다 息を呑む いき　の 숨 죽이다 手に汗握る て　あせにぎ 손에 땀을 쥐다	見事だ みごと 멋지다 素晴らしい すば 훌륭하다 興味深い きょうみぶか 흥미롭다 見ごたえがある み 꽤 볼만하다

① この映画は手に汗握るアクションシーンの連続です。
えいが　　て　あせにぎ　　　　　　　　　れんぞく

　이 영화는 손에 땀을 쥐게 하는 액션 장면의 연속입니다.

② この小説は実話を元にした心温まる物語です。
しょうせつ　じつわ　もと　　　こころあたた　ものがたり

　이 소설은 실화를 바탕으로 만든 훈훈한 이야기입니다.

③ ラストシーンがとても切なくて、涙が止まりませんでした。
せつ　　　　なみだ　と

　마지막 장면이 너무 안타까워서 눈물이 멈추지 않았습니다.

MP3 09-1

　私は漫画『鬼滅の刃』を皆さんにお勧めします。読み始めたら止められなくなって、たった二日で全23巻を読みきりました。

　私は主人公の少年、竈門炭治郎の人間性に心を打たれました。炭治郎は妹や人々を救うために、人を食う鬼と戦います。自己満足のために強くなりたがるのではなく、大事な人を守るために必死で強くなろうとします。「人は心が原動力だから心はどこまでも強くなれる」という台詞のとおり、くじけそうになっても自分を励まして頑張ります。そして、強い剣士に成長していきます。

　私はこの作品を通して優しさは強さであることを学びました。炭治郎の言葉は読む人の心も強くしてくれます。皆さんもこの作品を読んで心を燃やしてください。

📝 본문 요약

◉ 본문의 핵심 내용을 요약해 봅시다.

① 私は漫画『鬼滅の刃』の全23巻を＿＿＿＿＿＿＿＿＿＿＿＿

　きりました。

② 主人公の炭治郎は＿＿＿＿＿＿＿＿＿＿＿＿＿＿＿＿なろうとします。

③ 私はこの作品から＿＿＿＿＿＿＿＿＿＿＿＿＿＿＿を学びました。

✏ 받아쓰기

◉ 문장을 듣고 써 봅시다.

'私がお勧めする作品'과 관련된 질문

◉ 작문을 하기 위한 쓸거리를 찾아봅시다.

① みんなに勧めたい作品は何ですか。

모두에게 권하고 싶은 작품은 무엇입니까?

_____

② その作品に接するとどんな気持ちになりますか。

그 작품을 접하면 어떤 기분이 듭니까?

_____

③ その作品で一番印象的な登場人物は誰ですか。その人はどんな人ですか。

그 작품에서 가장 인상적인 등장인물은 누구입니까? 그 사람은 어떤 사람입니까?

_____

④ その作品を通してどんなことを感じましたか。

그 작품을 통해 어떤 것을 느꼈습니까?

_____

⑤ 特にどんな人に勧めたいですか。

특히 어떤 사람에게 추천하고 싶습니까?

_____

※ 작문 예시는 부록을 참고

◉ 질문에 대한 대답을 모아 문장을 작성해 봅시다.

だい じゅっ か
第10課

アナログかデジタルか

(아날로그인가 디지털인가)

● 학습목표 ●

아날로그와 디지털에 대해서 이야기할 수 있다.

◉ **자기 자신에 대해서 작문하여 발표해 봅시다.**

1. 教科書は(デジタル / アナログ)の方が好きです。

2. スケジュール帳は(デジタル / アナログ)の方が好きです。

3. _____(の)は、_____からアナログ
   の方が好きです。

4. _____(の)は、_____からデジタル
   の方が好きです。

5. 私はどちらかというと(デジタル / アナログ)の製品の方が
   好きです。

🔍 예시문

❶ 教科書はデジタルの方が好きです。
   교과서는 디지털을 더 좋아합니다.

❷ スケジュール帳はアナログの方が好きです。
   다이어리는 아날로그를 더 좋아합니다.

❸ 時計は、秒針の音がかわいいからアナログの方が好きです。
   시계는 초침 소리가 귀여우니까 아날로그를 더 좋아합니다.

❹ 絵を描くのは、修正しやすいからデジタルの方が好きです。
   그림 그리는 것은 수정하기 편하니까 디지털을 더 좋아합니다.

❺ 私はどちらかというとアナログの製品の方が好きです。
   저는 어느 쪽인가 하면 아날로그 제품을 더 좋아합니다.

◉ 다음 ( ) 안에 들어갈 적당한 어휘를 고르세요.

1　本はただ情報を伝える (だけ / ばかり) のものではありません。

책은 단지 정보를 전달하는 것만은 아닙니다.

2　製作に (携わる / 関わる) 人たち。

제작에 종사하는 사람들.

3　本を作る際、いろいろなこと (を気にし / にこだわり) ます。

책을 만들 때 여러 가지를 고려합니다.

---

1) 여러 개 중 한 가지에 한정하는 경우 だけ를 사용한다. ばかり는 특정 대상을 즐겨 자주 하는 빈도를 나타낼 때 사용한다.

2) 携わる는 어떤 일에 '관여하다, 종사하다'라는 뜻이다. 한편 関わる도 '관여하다, ~에 중대한 영향을 미치다'라는 뜻으로, 주로 관계 있는 분야를 나타낼 때 사용한다.

3) '～にこだわる'는 '어떤 일에 자기 나름의 규칙을 가지고 고려하다, 신경 쓰다'라는 뜻이다. 한편 '～を気にする'는 '신경쓰다, 걱정하다'라는 뜻이다.

① 文字がたくさんある本は疲れるので、マンガだけ読みます。

② マンガばかり読まないで、 小説も読みましょう。

③ 私は介護に携わる仕事をしています。

④ 記者は事件に関わった人たちを取材しました。

⑤ 服を買う時は素材とデザインにこだわります。

⑥ 財布のお金を気にしながら、 同僚と居酒屋でお酒を飲みました。

◉ 다음 ( ) 안에 들어갈 적당한 표현·문형을 넣으세요.

> 보기   たとえ ～ても   代わりに   に関しては   際

1. 最近は普通の本の(   )電子書籍を読む人もいます。

   최근에는 보통 책 대신에 전자 서적을 읽는 사람도 있습니다.

2. 読書(   )アナログがいいと思っています。

   독서에 관해서는 아날로그가 좋다고 생각합니다.

3. 本を作る(   )、製作に携わる人たちはいろいろな

   ことにこだわります。

   책을 만들 때 제작에 종사하는 사람들은 여러 가지를 고려합니다.

4. (   )電子書籍がもっと普及したとし(   )、紙

   の本はなくならないでしょう。

   설령 전자 서적이 더욱 보급된다고 해도 종이책은 없어지지 않을 것입니다.

❶ ～代わりに

'～代わりに'는 원래 대상을 대신한다는 뜻으로, '～に代わって'의 형태로도 사용한다. 단 '～代わりに'는 本の代わりに, 行く代わりに와 같이 '명사+の', 동사에 사용 가능하지만, '～に代わって'는 명사에만 사용한다.

① アレルギーがあるので、牛乳の代わりに豆乳を飲みます。

② アレルギーがあるので、牛乳を飲む代わりに豆乳を飲みます。

③ 社長に代わって部長が挨拶をしました。

④ 鈴木先生に代わって山田先生が授業をしました。

❷ ～に関しては

'～に関しては'는 대상, 분야를 나타낼 때 사용한다. 그리고 '～にかけては'도 같은 의미로 사용할 수 있다. '～にかけては'는 어느 분야에 있어서 기술이나 지식이 뛰어나다는 평가를 나타낼 때 사용한다. 法律に関しては(○) / にかけては(×) あまり詳しくない와 같이 부정적인 평가에는 '～にかけては'는 사용할 수 없다.

① コンピューターに関しては田中さんが一番よく知っています。

② この問題に関しては木村さんに聞くのがいいと思います。

③ フランス料理にかけては彼は一流のシェフです。

④ 韓国映画にかけては彼の右に出る者がいないほど詳しいです。

❸ 〜際

'〜際'는 '〜時'와 같이 '~라는 장면, 때'를 나타내며 명사+の, 동사에 사용한다.
다만 '〜際'는 보다 격식차린 표현이다.

① 会場に入る際は身分証を見せてください。

② 非常の際はここから退避してください。

③ ご飯を食べる時、「いただきます」と言います。

④ 地震の時はここから退避してください。

❹ たとえ 〜ても

'たとえ 〜ても'는 '만약 어떤 상황이 된다 하더라도'라는 표현으로, 화자가 얘기하고 싶은 내용을 주장할 때 사용한다. 한편 'いくら 〜ても'는 '아무리 ~하더라도'라는 가정이 아니라, '몇 번이나 열심히 ~해도'와 같이 정도를 강조하는 표현이다.

① たとえ失敗しても挑戦を諦めてはいけません。

② たとえ誰かが来ても絶対にドアを開けないでください。

③ いくら呼んでも返事がありません。

④ いくら食べても太らない彼がうらやましいです。

❶ ただ

本はただ情報を伝えるだけのものではありません。

책은 단지 정보를 전달하는 것만은 아닙니다.

ただ는 한정할 때 사용하며 '단지, 다만'이라는 뜻이다. 주로 'ただ 〜だけ', 'ただ 〜のみ'와 같이 사용한다.

① ただ一度行っただけなのに、道をよく覚えている。

　　단 한 번 간 것뿐인데, 길을 잘 기억하고 있다.

② どんな困難があってもただ努力するのみだ。

　　어떤 고난이 있어도 다만 노력할 뿐이다.

❷ つまり

つまり、紙の本は一つの「作品」なのです。

다시 말해서 종이책은 하나의 '작품'인 것입니다.

つまり는 어떤 의미 내용을 다른 표현으로 바꾸는 경우에 사용하는 접속사이다. 그리고 상대방의 발언을 듣고 화자가 자신의 표현으로 바꾸는 경우에도 사용한다.

① 私は卒業した次の年、つまり、2015年に帰国した。

　　나는 졸업한 다음 해, 다시 말해서 2015년 귀국했다.

② 用事があるんですか。つまり、今回は参加できないということですね。

　　일이 있군요. 다시 말해서 이번에는 참가할 수 없다는 것이군요.

MP3 10-1

皆さんは普通の本と電子書籍、どちらを読みますか。

最近は普通の本の代わりに電子書籍を読む人もいますが、私は普通の本を読んでいます。パソコンやスマートフォン、タブレットなどを私もたくさん利用していますが、読書に関してはアナログがいいと思っています。本はただ情報を伝えるだけのものではありません。本を作る際、製作に携わる人たちはいろいろなことにこだわります。大きさや装丁、紙の材質などの全てに意図があります。つまり、紙の本は一つの「作品」なのです。もちろん、電子書籍にも長所はたくさんあるでしょう。でも、たとえ電子書籍がもっと普及したとしても、紙の本はなくならないと思います。

✎ **본문 요약**

◉ 본문의 핵심 내용을 요약해 봅시다.

1 最近は_____の代わりに_____人がいる。

2 パソコンなどは利用するが、_____アナログがいいと思っている。

3 たとえ電子書籍が_____はなくならないだろう。

✐ 받아쓰기

◉ 문장을 듣고 써 봅시다.

◉ 작문을 하기 위한 쓸거리를 찾아봅시다.

① パソコンやスマートフォン、タブレットなどをよく使いますか。

컴퓨터나 스마트폰, 태블릿 등을 자주 사용합니까?

------

② どんな時にパソコンやスマートフォン、タブレットなどを使いますか。

어떨 때 컴퓨터나 스마트폰, 태블릿 등을 자주 사용합니까?

------

③ アナログの方がいいと思うものは何ですか。

아날로그가 더 좋다고 생각하는 것은 무엇입니까?

------

④ 3番の答えの理由は何ですか。

3번 답의 이유는 무엇입니까?

------

⑤ これからアナログの技術はなくなると思いますか。

앞으로 아날로그 기술은 사라질 것이라고 생각합니까?

※ 작문 예시는 부록을 참고

◉ 질문에 대한 대답을 모아 문장을 작성해 봅시다.

だい じゅういっ か

第11課

わたし　　ささ　　　　　　　　　ひと

私を支えてくれた人

(나를 지지해 준 사람)

• 학습목표 •

나를 지지해 준 사람에 대해서 이야기할 수 있다.

◉ 자기 자신에 대해서 작문하여 발표해 봅시다.

1. ＿＿＿＿＿＿＿＿＿は誰_{だれ}よりも私_{わたし}のことを応援_{おうえん}してくれます。

2. ＿＿＿＿＿＿＿＿＿は私_{わたし}が＿＿＿＿＿＿＿＿＿時_{とき}に力_{ちから}になって

くれました。

3. ＿＿＿＿＿＿＿＿＿になら何_{なん}でも相談_{そうだん}できます。

4. 私_{わたし}は＿＿＿＿＿＿＿＿＿のことを考_{かんが}えると元気_{げんき}が出_でます。

5. ＿＿＿＿＿＿＿＿＿がいてくれたから、今_{いま}の私_{わたし}がいます。

🔎 예시문

❶ 母_{はは}は誰_{だれ}よりも私_{わたし}のことを応援_{おうえん}してくれます。

어머니는 누구보다도 저를 응원해 줍니다.

❷ 高校_{こうこう}の担任_{たんにん}の先生_{せんせい}は私_{わたし}が進路_{しんろ}を決_きめる時_{とき}に力_{ちから}になってくれました。

고등학교 때 담임 선생님은 제가 진로를 결정할 때 힘이 되어 주었습니다.

❸ 幼_{おさな}なじみの友達_{ともだち}になら何_{なん}でも相談_{そうだん}できます。

소꿉친구에게라면 뭐든지 상담할 수 있습니다.

❹ 私_{わたし}は高校時代_{こうこうじだい}の友達_{ともだち}のことを考_{かんが}えると元気_{げんき}が出_でます。

저는 고등학교 때 친구를 생각하면 힘이 납니다.

❺ 先輩_{せんぱい}のミナさんがいてくれたから、今_{いま}の私_{わたし}がいます。

미나 선배가 있어 주었기 때문에 지금의 제가 있습니다.

◉ 다음 ( ) 안에 들어갈 적당한 어휘를 고르세요.

1️⃣ 試合中に相手の選手と (激しく / ひどく) ぶつかって腰を痛めてしまった。

시합 중에 상대 선수와 심하게 부딪혀서 허리를 다치고 말았다.

2️⃣ 選手経験のない (人間 / 人) にコーチができるわけがないと思っていたが、そうではなかった。

선수 경험이 없는 사람이 코치가 될 수 있을 리 없다고 생각했는데 그렇지 않았다.

3️⃣ 選手の力を最大限に引き出すコーチという (職業 / 仕事) に私は魅力を感じた。

선수의 능력을 최대한으로 끌어내는 코치라는 직업에 나는 매력을 느꼈다.

---

1) 激しい는 '심하다, 격렬하다'라는 뜻으로, 기세가 강하다는 것을 나타낸다. ひどい도 '심하다'라는 뜻인데, 주로 좋지 않다고 생각되는 일에 사용한다.

2) 人間은 '인간, 사람'이라는 뜻으로, 주로 사회적 존재를 나타낼 때 사용한다. 人는 '사람'이라는 뜻으로, '개개인'이나 '다른 사람(타인)'이라는 뜻이다.

3) 職業는 '교사, 의사' 등과 같은 전문적인 일의 종류를 말한다. 仕事는 일의 종류를 말하거나 직업이나 업무로서 하는 일의 구체적인 내용을 말한다.

① 競争が激しいので飲食店の経営は大変だ。

② この洗剤を使えばひどい汚れも簡単に落とせます。

③ 道具を作るために道具を使うのは人間だけだ。

④ 私は優柔不断なので人の意見に左右されてしまう。

⑤ 子供たちは将来、今は存在していない職業に就くかもしれない。

⑥ 課長は1週間分の仕事を1日で片付けた。

◉ 다음 ( ) 안에 들어갈 적당한 표현 · 문형을 넣으세요.

> 보기   だろう   わけがない   ことはない   について

1 医者からサッカーを続けていくのは無理（　　　　　　　）と
言われ、目の前が真っ暗になった。

의사로부터 축구를 계속하는 것은 무리일 것이라는 이야기를 듣고 눈앞이 캄캄해졌다.

2 これからのこと（　　　　　　　）担任の先生のところに相談に
行った。

앞으로의 일에 대해서 담임 선생님께 상담하러 갔다.

3 先生は「お前は大丈夫だから心配する（　　　　　　　）」と
言ってくれた。

선생님은 "너는 괜찮으니까 걱정할 필요는 없다"고 말씀해 주셨다.

4 選手経験のない人間にコーチができる（　　　　　　　）と
思っていたが、そうではなかった。

선수 경험이 없는 사람이 코치가 될 수 있을 리 없다고 생각했는데 그렇지 않았다.

① ～だろう

'～だろう'는 '~일 것이다'라는 뜻으로, 미래의 일이나 불확실한 내용에 대하여 단정을 피하여 언급할 때 사용한다. たぶん, おそらく 등과 같은 부사를 동반하는 경우가 많다. 정중하게 표현할 때는 '～でしょう'를 사용한다. '～と思う'는 '~라고 생각하다'라는 뜻으로, 개인적이거나 주관적인 생각을 나타낸다.

① たぶん、こんなチャンスはもう二度とないだろう。

② おそらく、この化石は日本で最も古いものだろう。

③ 私は、髪型や服装は個人の自由だと思います。

④ 自分に合わないと思ったら、その仕事を辞めるのもいいと思います。

② ～について

'～について'는 '~에 대해서, ~에 관해서'라는 뜻으로, 언급하려고 하는 주제(내용)를 제시할 때 사용한다. '～に対して'는 '~에 대해서'라는 뜻으로, 동작의 대상을 나타낸다.

① 文化祭の企画についてクラスで話し合った。

② 論文の書き方について、具体的な例を挙げて説明します。

③ 学生からの質問に対して、先生は丁寧に答えた。

④ 事実と違うでたらめな報道に対して強く抗議します。

❸ 〜ことはない

'〜ことはない'는 '~할 필요는 없다'라는 뜻으로, 어떠한 행동에 대해서 '불필요하다' 또는 '그렇게 하지 않아도 된다'는 것을 의미한다. 주로 다른 사람에게 충고하거나 격려할 때 사용된다. '〜必要はない'도 '~할 필요는 없다'라는 뜻이나, 제도나 절차상 어떠한 행위가 불필요하다는 것을 객관적으로 언급할 때 사용한다.

① 1回で合格する方が珍しいんだから、そんなにがっかりすることはないよ。

② 電話すれば済むことなので、わざわざ行くことはないと思います。

③ 症状が出なければ、薬を飲む必要はありません。

④ 住所に変更がない場合は、この書類を提出する必要はない。

❹ 〜わけがない

'〜わけがない'는 '~할 리가 없다'는 뜻으로, 그럴 가능성이 없다고 강하게 부정하는 추측 표현이다. '〜はずがない'도 '~할 리가 없다'라는 뜻으로, '〜わけがない'보다 논리나 기존 지식에 근거한 표현이다.

① 猫を飼ってみたいが、母が許してくれるわけがない。

② 口喧嘩では妻に勝てるわけがありません。

③ 本物のダイヤモンドがこんなに安いはずがない。

④ 同じ店でバイトしていたので、彼が私のことを知らないはずがありません。

❶ 수동표현을 통한 시점의 통일

医者からサッカーを続けていくのは無理だろうと言われ、
目の前が真っ暗になった。

의사로부터 축구를 계속하는 것은 무리일 것이라는 이야기를 듣고 눈앞이 캄캄해졌다.

이해하기 쉬운 문장을 만들기 위해서는 문장 안에서 주어를 하나로 통일하는 것이 좋다. 이를 위해 아래 예문 ②과 같이 수동표현을 사용할 수 있다.

① 昨日公園を散歩していたら、知らない人が道を聞いた。

어제 공원을 산책하고 있을 때, 모르는 사람이 길을 물어봤다.

② 昨日公園を散歩していたら、知らない人に道を聞かれた。

어제 공원을 산책하고 있을 때, 모르는 사람이 길을 물어봤다.

❷ 수수동사를 사용한 고마움의 표현

先生は「お前は大丈夫だから心配することはない」と言って
くれた。そして、スポーツコーチになることを勧めてくれた。

선생님은 "너는 괜찮으니까 걱정할 필요는 없다"고 말씀해 주셨다. 그리고 스포츠 코치가 될 것을 권하셨다.

행위를 나타내는 동사에 '～てくれる'와 같은 수수표현을 붙여서 '누군가가 누군가를 위해서 어떠한 행동을 했다'는 은혜의 의미를 나타낼 수 있다.

① 先輩はいつも遠慮なく指摘する。おかげで成長できたと思う。

선배는 언제나 거리낌 없이 지적한다. 덕분에 성장할 수 있었다고 생각한다.

② 先輩はいつも遠慮なく指摘してくれる。おかげで成長できたと思う。

선배는 언제나 거리낌 없이 지적해 준다. 덕분에 성장할 수 있었다고 생각한다.

MP3 11-1

私はプロ選手を目指して高校のサッカー部で練習に励んでいた。ところが、試合中に相手の選手と激しくぶつかって腰を痛めてしまった。医者からサッカーを続けていくのは無理だろうと言われ、目の前が真っ暗になった。

これからのことについて担任の先生のところに相談に行くと、先生は「お前は大丈夫だから心配することはない」と言ってくれた。そして、スポーツコーチになることを勧めてくれた。選手経験のない人間にコーチができるわけがないと思っていたが、そうではなかった。選手の力を最大限に引き出すコーチという職業に私は魅力を感じた。私が今、スポーツ心理学を専攻しているのは、あの時励ましてくれた先生のおかげだ。心から感謝している。

📝 본문 요약

◉ 본문의 핵심 내용을 요약해 봅시다.

1 私は＿＿＿＿＿＿＿＿＿＿＿が、＿＿＿＿＿＿＿てサッカーが続けられなくなった。

2 ＿＿＿＿＿＿＿＿＿が＿＿＿＿＿＿＿＿＿＿を勧めてくれた。

3 コーチは＿＿＿＿＿＿＿＿＿＿＿＿職業なので、私は魅力を感じた。

✏ 받아쓰기

◉ 문장을 듣고 써 봅시다.

◉ 작문을 하기 위한 쓸거리를 찾아봅시다.

1 あなたを支えてくれた人は誰ですか。

당신을 지지해 준 사람은 누구입니까?

---

2 どんな時に支えてくれましたか。

어떤 상황에서 지지해 주었습니까?

---

3 その人はその時何をしてくれましたか。

그 사람은 그때 무엇을 해 주었습니까?

---

4 あなたはその時どんな気持ちになりましたか。

당신은 그때 어떤 기분이 들었습니까?

---

5 今、その人のことをどのように思っていますか。

지금 그 사람을 어떻게 생각하고 있습니까?

※ 작문 예시는 부록을 참고

◉ 질문에 대한 대답을 모아 문장을 작성해 봅시다.

に ほん　　　 けい けん
日本で経験したいこと

(일본에서 경험하고 싶은 것)

● 학습목표 ●

일본에서 경험하고 싶은 것을 이야기할 수 있다.

◉ 자기 자신에 대해서 작문하여 발표해 봅시다.

1 私は日本の＿＿＿＿＿＿＿＿＿＿＿が大好きです。

2 私は日本の＿＿＿＿＿＿＿＿＿＿＿に関心があります。

3 今度日本に行ったら、＿＿＿＿＿＿＿＿つもりです。

4 いつか日本に行って、＿＿＿＿＿＿＿＿（て / で）

   みたいです。

5 私は＿＿＿＿＿で＿＿＿＿＿＿＿＿＿（て / で）

   みたいです。

🔍 예시문

❶ 私は日本のコンビニが大好きです。

저는 일본의 편의점을 아주 좋아합니다.

❷ 私は日本の伝統的な建物に関心があります。

저는 일본의 전통적인 건물에 관심이 있습니다.

❸ 今度日本に行ったら、旅館に泊まるつもりです。

이번에 일본에 가면 료칸에 묵을 생각입니다.

❹ いつか日本に行って、お祭りに参加してみたいです。

언젠가 일본에 가서 축제에 참가해 보고 싶습니다.

❺ 私は北海道でスキーをしてみたいです。

저는 홋카이도에서 스키를 타 보고 싶습니다.

◉ 다음 ( ) 안에 들어갈 적당한 어휘를 고르세요.

1️⃣ 簡単（かんたん）な挨拶（あいさつ）さえ (聞（き）け / 聞（き）き取（と）れ) ませんでした。

간단한 인사조차 알아듣지 못했습니다.

2️⃣ 日本語（にほんご）とは全（まった）く異（こと）なる発音（はつおん）だったので、驚（おどろ）いたのを (覚（おぼ）え / 暗記（あんき）し) ています。

일본어와는 전혀 다른 발음이었기 때문에 놀랐던 것을 기억하고 있습니다.

3️⃣ 済州島（チェジュド）出身（しゅっしん）の私（わたし）は沖縄（おきなわ）という地域（ちいき）にとても興味（きょうみ）を (引（ひ）き / 持（も）ち) ました。

제주도 출신인 나는 오키나와라는 지역에 매우 흥미를 가졌습니다.

---

1) 聞（き）き取（と）れる는 '어떤 말을 알아듣다, 이해하다'라는 뜻이다. 한편 聞（き）く의 가능형 聞（き）ける는 말이나 소리를 들을 수 있는 경우에 사용한다.

2) 覚（おぼ）える는 어떤 상황을 잊지 않고 기억할 때 사용한다. 暗記（あんき）する는 학습이나 어떤 목적을 위해 내용을 외우는 경우에 사용한다.

3) 興味（きょうみ）を持（も）つ는 스스로 어떤 대상에 흥미를 갖는다는 의미이고, 興味（きょうみ）を引（ひ）く는 흥미나 주의를 끄는 경우에 사용한다.

① 声（こえ）が小（ちい）さくて内容（ないよう）が聞（き）き取（と）れませんでした。

② コンサートに少（すこ）し遅（おく）れたので、最初（さいしょ）の曲（きょく）が聞（き）けませんでした。

③ 子供（こども）の時（とき）は人形（にんぎょう）でよく遊（あそ）んだのを覚（おぼ）えています。

④ 明日（あした）は試験（しけん）があるので、英単語（えいたんご）を暗記（あんき）します。

⑤ 高校（こうこう）の時（とき）から日本語（にほんご）に興味（きょうみ）を持（も）つようになりました。

⑥ 学生（がくせい）の興味（きょうみ）を引（ひ）くために、映像（えいぞう）資料（しりょう）を提供（ていきょう）した。

◉ 다음 (　) 안에 들어갈 적당한 표현·문형을 넣으세요.

> 보기　　さえ　　ということ　　はじめ　　といっても

1　食べ物を(　　　　　　)、住居、風習など色々なものが他の地域とは違うそうです。

음식을 비롯해 주거, 풍습 등 여러 가지가 다른 지역과는 다르다고 합니다.

2　その人の話では沖縄は昔、琉球王国という一つの国だった(　　　　　　)です。

그 사람의 이야기로는 오키나와는 옛날 류큐 왕국이라는 한 나라였다고 합니다.

3　「日本」(　　　　　　)色々なものが他の地域とは違うそうです。

'일본'이라고 해도 여러 가지가 다른 지역과는 다르다고 합니다.

4　「くわっちーさびたん(ごちそうさまでした)」といった簡単な挨拶(　　　　　)聞き取れませんでした。

'구와치-사비탕(잘 먹었습니다)'과 같은 간단한 인사조차 알아듣지 못했습니다.

❶ 〜をはじめ

'〜をはじめ'는 대표가 되는 것을 언급할 때 사용한다. '~을 비롯해'라는 뜻으로, 뒤에 다수를 나타내는 말이 오는 경우가 많다. '〜をはじめとして'로도 사용한다.

① 最近、ベトナムをはじめ、インドネシア、マレーシアなどからの留学生が増えている。

② 先輩のチェさんをはじめ、多くの方にお世話になりました。

③ 我が社は和菓子をはじめとして、色々な日本の食べ物を輸入している。

④ 今回のスピーチ大会では韓国をはじめとして、10か国の学生が参加している。

❷ 〜ということだ

'〜ということだ'는 '~라고 하다'라는 뜻으로, 전문 そうだ와 유사하다. '〜ということだ'는 보통형 이외에 추측, 명령 표현에도 사용한다. '〜とのことだ'는 격식 차린 표현으로 편지나 보고서에 많이 사용된다.

① ニュースによるとアフリカで戦争が勃発したということです。

② 金さんは到着が少し遅くなるだろうということです。

③ 我が社に対する銀行の融資が決定したとのことです。

④ 政府が来年から規制を緩和するとのことです。

❸ 〜といっても

'〜といっても'는 일반적으로 같은 부류 또는 상태라고 하더라도 뒤에 나오는 것에 대해서 부정하거나 설명을 추가할 때 사용한다. 한편 '〜としても'는 '~로서도'라는 뜻으로, 어떤 상황에 대해 같은 입장이거나 관점인 사람이나 조직이라는 의미를 나타낸다.

① 「アリラン」といっても地域によってメロディーが少しずつ異なります。

② 「辛い」といっても唐辛子の辛さとわさびの辛さは違います。

③ 我が社としても今回の政府の方針には賛成できません。

④ 女性としても母親としても、その政治家の差別的な発言は許せませんでした。

❹ 〜さえ 〜ない

'さえ 〜ない'는 '조차 ~않다'라는 뜻으로, 보통이라면 당연하다고 생각되는 것이 그렇지 못한 경우 사용한다. さえ는 어떤 일을 실현할 때 필요한 최소의 조건을 나타낸다. 한편 'しか 〜ない'는 '밖에 ~없다'라는 뜻으로, 한 가지 일을 들어 다른 것은 배제할 때 사용한다.

① 財布の中には缶ジュースを買うお金さえなかった。

② 医者さえ判断できない感染症が広まっています。

③ 財布の中には缶ジュースを買うお金しかなかった。

④ 医者しか判断できない感染症が広まっています。

① が / は

その沖縄の人がいくつか言葉を教えてくれましたが、簡単な挨拶さえ聞き取れませんでした。

그 오키나와 사람이 몇 가지 단어를 알려 주었지만, 간단한 인사조차 알아듣지 못했습니다.

두 문장이 연결된 경우, 앞 문장의 주어에는 が가 와야 한다. 한편 앞뒤 문장이 대등하고 대비되는 경우에는 '～は ～が、～は'와 같이 '～は'를 사용해야 한다. '私は反対したが、彼は賛成した。'와 같이 두 사람의 입장을 대비시켜 나타내는 경우에는 '～は'가 사용된다.

① 授業が終わったら、映画見に行かない？

수업이 끝나면 영화 보러 가지 않을래?

② 妹は英語が得意だが、私は日本語が得意だ。

여동생은 영어를 잘하지만, 나는 일본어를 잘한다.

② ～といった

「くわっちーさびたん」といった簡単な挨拶。

'구와치-사비탕(잘 먹었습니다)'과 같은 간단한 인사.

'～といった'는 '～という'와 같은 의미로 이야기, 사건, 지식의 내용을 구체적으로 나타낼 때 사용한다. 또한 예를 열거할 때 사용하며, 이외에도 다른 것이 있다는 뜻을 나타낼 때는 '～や ～といった'로 사용한다.

① 韓国、日本、中国といった東アジアの国々。

한국, 일본, 중국과 같은 동아시아 나라.

② とんかつやカキフライといった揚げ物。 돈가스나 굴튀김 같은 튀김.

MP3 12-1

日本に行ったら沖縄の文化を体験してみたいです。何年か前に、沖縄から韓国へ遊びに来た人に会ったことがあります。その人の話では沖縄は昔、琉球王国という一つの国だったということです。そのため「日本」といっても食べ物をはじめ、住居、風習など色々なものが他の地域とは違うそうです。済州島出身の私は沖縄という地域にとても興味を持ちました。その沖縄の人がいくつか言葉を教えてくれましたが、「くわっちーさびたん(ごちそうさまでした)」といった簡単な挨拶さえ聞き取れませんでした。私が知っている日本語とは全く異なる発音だったので、驚いたのを覚えています。沖縄では他の地域とどのように違った言葉を使っているのか現地に行って、聞いてみたいです。

✎ **본문 요약**

◉ 본문의 핵심 내용을 요약해 봅시다.

① 沖縄は昔、＿＿＿＿＿＿＿＿＿＿＿＿＿＿＿＿＿＿＿ということだ。

② 「日本」＿＿＿＿＿＿＿＿＿＿＿＿＿＿＿＿＿と聞いて興味を持った。

③ 沖縄の言葉は私が知っている日本語と全く異なる発音で、簡単な挨拶
＿＿＿＿＿＿＿＿＿＿＿＿＿＿＿＿＿＿＿＿＿。

✏ 받아쓰기

◉ 문장을 듣고 써 봅시다.

◉ 작문을 하기 위한 쓸거리를 찾아봅시다.

① 日本に行って体験してみたいことは何ですか。

일본에 가서 체험해 보고 싶은 일은 무엇입니까?

② なぜ、○○を体験してみたいですか。

왜 ○○를 체험해 보고 싶습니까?

③ 誰と○○を体験してみたいですか。

누구와 ○○를 체험해 보고 싶습니까?

④ ○○に関して何か知っていることはありますか。

○○에 관해서 무엇인가 알고 있는 것이 있습니까?

⑤ ○○に関して韓国と日本では何が違いますか。

○○에 관해서 한국과 일본은 무엇이 다릅니까?

※ 작문 예시는 부록을 참고

◉ 질문에 대한 대답을 모아 문장을 작성해 봅시다.

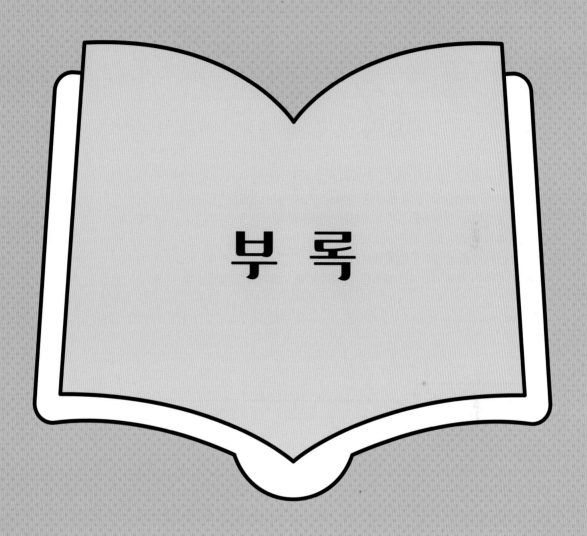

부 록

1. 정답·해석·모범 답안·예시문
2. 각 과별 어휘 정리

1과

어휘 연습 ———————————————————————— p.11

정답

① ほぼ[*] ② 過すごす ③ 苦手にがて

① 15분 동안의 낮잠은 3시간의 수면과 거의 같은 효과가 있다.
② 대강의 이야기는 기억하고 있지만, 자세한 부분은 잊어버렸다.
③ 딸이 초등학교에서 어떻게 지내고 있는지 궁금하다.
④ 퇴직 후에 연금만으로 생활하는 것은 어렵다.
⑤ 낫토는 냄새를 싫어해서 못 먹습니다.
⑥ 그의 연주는 결코 서툴지는 않지만, 관객의 마음을 움직이는 매력이 없다.

* 표현은 보기의 다른 표현도 사용가능한 경우이다. 다만 의미나 뉘앙스가 동일하지는 않다.

표현 · 문형 연습 ———————————————————————— p.12

정답

① うちに ② 習い始ならはじめ

③ ようになり ④ ずに

① ① 어서 따뜻할 때 드세요.
② 문제가 커지기 전에 해결하는 것이 좋다.
③ 전철을 기다리는 사이에 플랫폼에 있는 가게에서 우동을 먹었다.
④ 최근 2년 사이에 가게 경영이 악화되었다.

② ① 신주쿠역에서 사고가 발생하여 열차 도착이 지연되고 있습니다.
② 반장이 대표로 무대에 올라가서 졸업증서를 받았다.
③ 아버지는 항상 귀가가 늦어서 집에서 저녁을 드시는 일은 거의 없었다.
④ 3월 기온이 평년보다 높아서 벚꽃의 개화도 빨라질 것입니다.

3 ① 3시간 연습하면 수영할 수 있게 됩니다.

② 일본어 공부를 시작하고 나서부터 일본 드라마나 영화를 보게 되었다.

③ 잠을 못 자게 되니까 침실에서는 스마트폰을 보지 않도록 하세요.

④ 약속 시간보다 조금 일찍 가려고 하고 있습니다.

4 ① 그 학생은 아무 말도 하지 않고 교실을 나갔다.

② 신경 쓰이는 것이 있으면 사양하지 말고 무엇이든지 말해 주세요.

③ 버스를 타지 않고 걸어서 학교에 갑니다.

④ 컴퓨터 전원을 끄지 말아 주세요.

본문 ────────────────────────────── p.16

동물에 비유하자면 저는 나무늘보입니다.

나무늘보는 거의 하루 종일 나무 위에서 가만히 있습니다. 저도 밖에서 활동하는 것보다는 책을 읽거나 영화를 보면서 조용히 지내는 것을 더 좋아합니다. 그리고 서두르는 것을 싫어하는 것도 굼뜬 나무늘보를 닮았습니다. 오전 중에 끝낼 생각으로 시작한 일이 저녁이 되어도 끝나지 않는 경우도 있습니다.

확실히 저는 무엇을 하든지 남들보다 시간이 걸립니다. 하지만 한 가지 일을 오래 계속할 자신은 있습니다. 10살 때 우쿨렐레를 배우기 시작해서 지금까지 꾸준히 연습해 왔습니다. 처음에는 잘하지 못했지만, 어느새 어려운 곡도 연주할 수 있게 되었습니다. 지금은 아이들을 가르치고 있습니다. 이렇게 무슨 일이든 서두르지 않고 노력해 갈 생각입니다.

✏ 본문 요약 모범 답안

1 私は、静かに過ごすのが好きなところや、急ぐのが苦手なところがナマケモノに似ています。

저는 조용히 지내는 것을 좋아하는 점이나 서두르는 것을 싫어한다는 점이 나무늘보를 닮았습니다.

2 私は何でも人より時間がかかりますが、一つのことを長く続ける自信はあります。

저는 무엇을 하든지 남들보다 시간이 걸리지만, 한 가지 일을 오래 계속 할 자신은 있습니다.

3 私は10歳の時からウクレレを続けてきました。

저는 10살 때부터 우쿨렐레를 계속해 왔습니다.

155

'私はこんな人'와 관련된 질문   p.18

🔍 예시문

❶ 「トムとジェリー」のジェリーに似ています。

'톰과 제리'에 나오는 제리를 닮았습니다.

❷ ジェリーはとても小さくて素早いねずみです。そして、いたずらが大好きです。

제리는 작고 아주 날쌘 쥐입니다. 그리고 장난을 아주 좋아합니다.

❸ 私も背は低いですが、走るのは速いです。そして、人をびっくりさせるのが
大好きです。

저도 키는 작지만 달리는 것은 빠릅니다. 그리고 다른 사람을 깜짝 놀라게 하는 것을 아주 좋아합니다.

❹ サッカーが得意です。そして、サプライズイベントをするのが好きです。

축구를 잘합니다. 그리고 깜짝 이벤트를 하는 것을 좋아합니다.

❺ 楽しいイベントを企画し、みんなを驚かせたいです。そして、自分のビジネスで
多くの人に感動を与えたいです。

재미있는 이벤트를 기획해서 모두를 놀라게 하고 싶습니다. 그리고 제 비즈니스로 많은 사람들에게 감동을 주고 싶습니다.

私は「トムとジェリー」のジェリーに似ています。

ジェリーは小さくてとても素早いねずみです。私も背は低いですが、走るのが速いです。サッカーが得意で、サークルのリーダーをしています。それから、ジェリーはいつもいたずらをしてトムを驚かせます。私もサプライズイベントで周りの人をびっくりさせるのが好きです。友達の誕生日パーティーをこっそり準備したり、担任の先生の結婚式に内緒でお祝いの動画を送ったりしました。何も知らずにいた本人はとてもびっくりしますが、感動して喜んでくれます。これからも楽しいイベントを企画し、みんなを驚かせたいです。そして、将来は自分のビジネスで多くの人に感動を与えられるようになりたいです。

　저는 '톰과 제리'에 나오는 제리를 닮았습니다.
　제리는 작고 아주 날쌘 쥐입니다. 저도 키는 작지만 달리기는 빠릅니다. 축구를 잘해서 동아리의 리더를 맡고 있습니다. 그리고 제리는 항상 장난을 쳐서 톰을 놀라게 합니다. 저도 깜짝 이벤트를 해서 주변 사람들을 깜짝 놀라게 하는 것을 좋아합니다. 친구의 생일파티를 몰래 준비하기도 하고 담임 선생님 결혼식에 몰래 축하 동영상을 보내기도 했습니다. 아무것도 모르고 있던 본인은 매우 놀라지만, 감동하고 기뻐해 줍니다. 앞으로도 재미있는 이벤트를 기획해서 모두를 놀라게 하고 싶습니다. 그리고 장래에는 제 비즈니스로 많은 사람들에게 감동을 줄 수 있게 되고 싶습니다.

2과

어휘 연습 ─────────────────────────── p.23

정답

1 お気(き)に入(い)り   2 ぐっすり   3 だんだん[*]

① 내가 좋아하는 게임을 컴퓨터 즐겨찾기에 넣었습니다.
② 돈가스는 기호에 따라 겨자나 참깨 소스를 찍어서 드세요.
③ 나에게 있어서 요가는 푹 자기 위해서 중요합니다.
④ 심한 더위에 축 늘어진다.
⑤ 일본어를 배우는 사이에 점점 흥미가 생겨났습니다.
⑥ 일을 착착 진행합시다.

표현 · 문형 연습 ─────────────────────── p.24

정답

1 ために   2 たところ
3 向(む)け   4 すれば

❶ ① 세력이 강한 태풍이 접근했기 때문에 비행기가 결항되었다.
   ② 사전에 면밀하게 계획을 짰기 때문에 프로젝트는 잘 되었습니다.
   ③ 그녀가 오지 않았기 때문에 혼자서 식사하게 되었다.
   ④ 그 남자 때문에 협의에 늦고 말았습니다.

❷ ① 수학 문제의 해법을 친구에게 물었더니 정답을 가르쳐 주었다.
   ② 조립식 의자를 샀는데, 부품이 하나 빠져 있었다.
   ③ 지금 터미널에 막 도착했습니다. 이제 티켓을 사겠습니다.
   ④ 교실에 들어갔더니 이미 수업이 시작되었습니다.

③ ① 아이들 대상으로 영어를 배우기 위한 텔레비전 프로그램을 만들고 있다.
② 역 앞에 독신 여성용 아파트가 생겼다.
③ 어른용 모자를 아이용으로 다시 만든다.
④ 미국 수출용 가전제품은 사이즈가 커졌다.

④ ① 매일 30분 정도 유산소 운동을 하면 건강해질 수 있습니다.
② 티끌 모아 태산.
③ 요금을 투입하고 이 버튼을 누르면 표가 나옵니다.
④ 저 모퉁이를 오른쪽으로 돌면, 꽃집이 있습니다.

본문 ──────────────────────────────── p.28

　내가 좋아하는 시간은 요가를 할 때입니다. 예전에 과로로 몸이 망가진 적이 있습니다. 친구에게 상의했더니 요가 교실을 권유받았습니다. 솔직히 요가는 어려울 것 같다고 생각했지만, 친구가 "초보자 대상 교실이니까 괜찮아"라고 해서 시험 삼아 가 보았습니다. 교실에 다니는 사이 점점 몸 상태가 좋아져서 건강을 회복할 수 있었습니다.

　우리 회사는 바쁘고 스트레스도 많지만, 요가를 하면 스트레스가 쉽게 풀립니다. 요즘은 자기 전에 요가를 해서 몸을 풀지 않으면 푹 잘 수가 없습니다. 요가 교실을 권해 준 친구한테 매우 감사하고 있습니다. 여러분도 요가를 시작해 보는 것은 어떠세요?

✎ 본문 요약 모범 답안

1 以前、働きすぎたために、体を壊してしまったことがある。

예전에 과로로 몸이 망가진 적이 있다.

2 ヨガを始めたきっかけは友達に誘われたからだ。

요가를 시작한 계기는 친구가 권유했기 때문이다.

3 寝る前にヨガをすると、ぐっすり眠ることができる。

자기 전에 요가를 하면 푹 잘 수 있다.

'私のお気に入り'와 관련된 질문 ———————————— p.30

🔍 예시문

① 私のお気に入りの時間はウォーキングをしている時です。

내가 좋아하는 시간은 워킹할 때입니다.

② 健康診断で運動不足を指摘されたためにウォーキングを始めました。

건강 진단에서 운동 부족을 지적받았기 때문에 워킹을 시작했습니다.

③ ウォーキングを始めたところ、よく眠れるようになりました。

워킹을 시작했더니 푹 잘 수 있게 되었습니다.

④ ウォーキングをすれば簡単にストレスを解消することができます。

워킹을 하면 쉽게 스트레스가 풀립니다.

⑤ ウォーキングを一緒に楽しめる友人を見つけて続けていきたいです。

워킹을 함께 즐길 수 있는 친구를 찾아서 계속해 가고 싶습니다.

私のお気に入りの時間はウォーキングをしている時です。会社の健康診断で医者から運動不足を指摘されたためにウォーキングを始めました。毎朝、会社へ出勤する前に30分ぐらいの時間をかけて近所の公園にある池を1周するコースを歩いています。ウォーキングを始めたところ、体調がよくなって夜はよく眠れるようになりました。また、ウォーキングをすれば簡単にストレスを解消することができます。最初の頃は少し大変だと思うこともありましたが、今はウォーキングを始めてよかったと思います。音楽を聞きながら一人でウォーキングをしていますが、これからは一緒にウォーキングを楽しめる友人を見つけて続けていきたいです。

제가 좋아하는 시간은 워킹할 때입니다. 회사의 건강 검진에서 의사로부터 운동 부족을 지적 받았기 때문에 워킹을 시작했습니다. 매일 아침 회사에 출근하기 전에 30분 정도 시간을 들여 근처 공원에 있는 연못을 한 바퀴 도는 코스를 걷고 있습니다. 워킹을 시작했더니 몸의 상태가 좋아지고 밤에 잘 잘 수 있게 되었습니다. 또한 워킹을 하면 쉽게 스트레스가 풀립니다. 처음에는 조금 힘들다고 생각하기도 했지만, 지금은 워킹을 시작해서 다행이라고 생각합니다. 음악을 들으면서 혼자서 워킹을 하고 있지만, 앞으로는 함께 워킹을 즐길 수 있는 친구를 찾아 계속해 가고 싶습니다.

3과

어휘 연습 ——————————————————— p.35

정답

1 広^{ひろ}がる   2 訪^{おとず}れ   3 見^みられ

① 상품의 종류가 늘어나서 선택의 폭이 넓어졌습니다.
② 일본에서 탄생한 노래방은 전 세계로 퍼졌습니다.
③ 오랜 전쟁이 끝나고 이 나라에도 평화가 찾아왔다.
④ 동창회에서 돌아오는 길에 오래간만에 모교를 방문했다.
⑤ 국제선 기내에서는 개봉 전 영화를 볼 수 있습니다.
⑥ 안경을 쓰지 않으면 칠판 글씨가 전혀 안 보입니다.

표현 · 문형 연습 ——————————————————— p.36

정답

1 にとって   2 といえば

3 にかけて   4 ような

1 ① 일하는 부모에게 육아 휴직은 매우 중요한 제도이다.
② 식량 자급률이 낮은 것은 일본의 경우 큰 문제입니다.
③ 4층 회의실에서 취업설명회를 실시합니다.
④ 유아기에는 자유롭게 노는 것도 중요하다.

2 ① 스트레스 해소라고 하면 운동이나 게임이 떠오를 것입니다.
② 일본의 겨울은 역시 고타쓰와 귤이다.
③ 기사 내용이 사실이라면 심각한 문제입니다.
④ 지구의 크기가 야구공 정도라고 한다면, 화성은 골프공 정도가 된다.

3 ① 내일은 오후부터 저녁에 걸쳐 비가 오겠습니다.

② 터널 앞에서부터 출구에 걸쳐서 정체되고 있습니다.

③ 주민들의 식생활에 관한 조사가 30년에 걸쳐서 행해졌다.

④ 일본 전역에 걸쳐서 태풍의 영향이 미치고 있다.

4 ① 이 건물의 구조는 마치 미로와 같다.

② 마치 사우나 안에 있는 것 같은 찌는 듯한 더위이다.

③ 그녀에게 고백을 받다니 마치 꿈을 꾸고 있는 것 같습니다.

④ 2년 만에 만난 친구는 마치 다른 사람 같았습니다.

본문

p.40

전라남도 보성은 한국의 남부에 위치하고 있습니다. 바다와 산으로 둘러싸인 평온한 마을입니다. 저는 아버지의 일 때문에 초등학교 4학년 때부터 3년간 이 동네에서 살았습니다. 저에게 보성은 제2의 고향입니다.

보성 하면 뭐니 뭐니 해도 녹차입니다. 언덕 경사면에 펼쳐진 넓은 녹차밭이 유명해서 5월부터 6월에 걸쳐 많은 관광객들이 찾아옵니다. 이 시기에는 마치 초록색 융단을 깔아 놓은 듯한 아름다운 풍경을 볼 수 있습니다.

보성은 해산물로도 유명합니다. 저는 바닷가에 있는 큰 시장 근처에 살았습니다. 시장에는 대도시에서는 볼 수 없는 신선하고 특이한 해산물이 많이 있습니다. 특히 꼬막이라는 조개 요리가 명물입니다. 매우 맛있으니 보성에 가면 꼭 한번 드셔 보세요.

🖊 본문 요약 모범 답안

1 宝城は韓国の南部にあり、海と山に囲まれた穏やかな街です。

보성은 한국의 남부에 있으며 바다와 산으로 둘러싸인 평온한 마을입니다.

2 私は小学校4年生の時から3年間、宝城に住んでいました。

저는 초등학교 4학년 때부터 3년간 보성에 살았습니다.

3 宝城で有名なものは緑茶と海産物です。

보성에서 유명한 것은 녹차와 해산물입니다.

'私の街へようこそ'와 관련된 질문 p.42

🔍 예시문

❶ 北海道の小樽です。

훗카이도의 오타루입니다.

❷ 札幌から車で１時間ぐらいのところにあります。

삿포로에서 차로 1시간 정도 떨어진 곳에 있습니다.

❸ 私にとって、忘れられない思い出の場所です。

저에게 잊지 못할 추억의 장소입니다.

❹ 小樽といえば、運河やオルゴールの店が有名です。

오타루라고 하면 운하와 오르골 가게가 유명합니다.

❺ 冬に行くことをお勧めします。１１月から２月の始めにかけて、

イルミネーションがきれいだからです。

겨울에 가는 것을 추천합니다. 11월부터 2월 초에 걸쳐서 일루미네이션이 아름답기 때문입니다.

北海道の小樽は札幌から車で１時間ぐらいのところにあります。私にとって小樽は忘れられない思い出の街です。生まれて初めての海外旅行先だったからです。

小樽といえば運河が有名です。運河の横には石造りの倉庫が建ち並び、まるでヨーロッパのようです。倉庫の中はおしゃれなカフェやレストランになっていて、ゆったりと食事を楽しむことができます。また、小樽には有名なオルゴールの店があります。私はここで作った自分だけのオルゴールを今でも大切にしています。

１１月から２月の初めにかけて、小樽の街のあちこちがイルミネーションで飾られます。白い雪と美しい光に包まれてとても感動的です。ぜひ、この時期に小樽に行ってみてください。

홋카이도의 오타루는 삿포로에서 차로 한 시간 정도 떨어진 곳에 있습니다. 저에게 오타루는 잊을 수 없는 추억의 도시입니다. 태어나서 처음으로 갔던 해외 여행지였기 때문입니다.

오타루 하면 운하가 유명합니다. 운하 옆에는 석조 창고가 들어서 있어 마치 유럽 같습니다. 창고 안은 멋진 카페나 레스토랑으로 되어 있어 여유롭게 식사를 즐길 수 있습니다. 또 오타루에는 유명한 오르골 가게가 있습니다. 저는 여기에서 만든 저만의 오르골을 지금도 소중하게 간직하고 있습니다.

11월에서 2월 초에 걸쳐서 오타루의 마을 여기저기가 일루미네이션으로 장식됩니다. 하얀 눈과 아름다운 빛에 싸여 정말 감동적입니다. 꼭 이 시기에 오타루에 가 보세요.

4과

어휘 연습 ————————————————————————— p.47

정답

① 全然
ぜんぜん

② 残念でした
ざんねん

③ 気持ち
き も

① 나는 전혀 헤엄칠 수 없습니다.
② 나는 낫토를 그다지 좋아하지 않습니다.
③ 일본 팀이 결승전에서 저서 안타깝다.
④ 그의 발음은 매우 좋습니다만, 문법이 조금 틀린 것이 아깝습니다.
⑤ 겨울 아침은 춥습니다만, 공기가 맑아서 기분이 좋습니다.
⑥ 장시간 흔들리는 배를 탔기 때문에 속이 안 좋다.

표현 · 문형 연습 ————————————————————— p.48

정답

① ので
② のに
③ ことにしました
④ までに

1
① 일본은 남북으로 길기 때문에 지역에 따라 기후가 크게 다릅니다.
② 곧 개회식이 시작하오니 자리에 앉아 주십시오.
③ 수학 수업은 재미없어서 졸립다.
④ 시간이 없으니까 택시를 탑시다.

2
① 많이 공부했는데 시험에 떨어졌다.
② 그토록 말했는데 그는 충고를 지키지 않았습니다.
③ 나는 찬성지만, 그는 반대했다.
④ 홍차는 좋아합니다만, 커피는 그다지 좋아하지 않습니다.

❸ ① 최근 살쪘기 때문에 다이어트를 하기로 했다.

② 가족이 늘어났기 때문에 넓은 집으로 이사하기로 했습니다.

③ 신호를 설치하여 아이들이 안전하게 통학할 수 있도록 하겠습니다.

④ 국가는 댐을 건설하여 홍수가 나지 않도록 했다.

❹ ① 다음 주까지 리포트를 제출하지 않으면 안 됩니다.

② 데이터를 입력해야 하므로 1시까지 연락을 주세요.

③ 오늘부터 8월 31일까지 여름방학이라 매우 기쁘다.

④ 여기 문부터 저기 밭까지가 우리 집 대지이다.

본문

p.52

일본어 공부를 시작한 계기는 3년 전에 일주일간 일본에서 홈스테이를 한 것입니다. 그때 나는 일본어를 전혀 할 수 없었습니다만, 호스트 패밀리와는 영어로 대화를 할 수 있었기 때문에 일상적인 의사소통에 큰 문제는 없었습니다. 다만, 헤어지는 날, 매우 친절히 해 주신 호스트 패밀리에게 일본어로 감사의 마음을 표현하고 싶었는데 그렇게 할 수 없어서 매우 안타까웠습니다. 다음에 호스트 패밀리를 만났을 때는 제대로 감사 인사를 전하고 싶어 일본어 공부를 시작하기로 했습니다. 공부를 해 보니 일본어는 의외로 어렵지 않고 재미있습니다. 대학 졸업 때까지 한 번 더 호스트 패밀리를 만나 이번에야말로 일본어로 감사의 마음을 전하고 싶습니다.

✏ 본문 요약 모범 답안

1 ホストファミリーとは英語で会話をしたので、コミュニケーションに問題はなかった。

호스트 패밀리와는 영어로 대화를 해서 의사소통에 문제는 없었다.

2 別れの日、感謝の気持ちを表したかったのに、それができなくて残念だった。

헤어지는 날 감사의 마음을 표현하고 싶었는데 그렇게 할 수 없어서 아쉬웠다.

3 次にホストファミリーに会った時はきちんとお礼を言いたくて、日本語の勉強を始めることにした。

다음에 호스트 패밀리를 만났을 때는 제대로 감사를 전하고 싶어서 일본어 공부를 시작하기로 했다.

‘私と日本語’와 관련된 질문 ──────────────── p.54

🔍 예시문

❶ 韓国人の歌手が日本語で話しているのを見て、日本語の勉強を始める

ことにしました。

한국인 가수가 일본어로 얘기하는 것을 보고 일본어 공부를 시작하기로 했습니다.

❷ 日本人の友達と日常会話をすることができます。

일본인 친구와 일상 회화를 할 수 있습니다.

❸ はい。教科書の説明どおりに話したのに、相手に通じなかったことが

あります。

네. 교과서 설명대로 얘기했는데, 상대에게 통하지 않았던 적이 있습니다.

❹ 日本語のジョークが理解できた時です。

일본어로 농담을 이해했을 때입니다.

❺ はい。大学卒業までに日本の大学に短期留学したいです。

네. 대학 졸업 전에 일본 대학에 단기 유학을 가고 싶습니다.

'私と日本語'와 관련된 작문 연습

　ある日、私が好きな韓国人の歌手が日本でコンサートを開催したというニュースを見ました。彼は流暢な日本語でファンに挨拶をしていました。それを見て「かっこいい」と思った私は日本語の勉強を始めることにしました。大学入学後、日本から留学に来た優子に出会って、日本語で話す機会に恵まれたので、さらに日本語の勉強が捗りました。教科書の説明どおりに話したのに、言葉が通じなくて大変だったこともありますが、今は優子と日本語で日常会話ができます。優子と話しながら日本語のジョークが理解できた時は「日本語を勉強してよかった」と思います。もっと日本語が上手になりたいので、大学卒業までに日本に短期留学したいです。

　어느 날 내가 좋아하는 한국인 가수가 일본에서 콘서트를 개최했다는 뉴스를 봤습니다. 그는 유창한 일본어로 팬에게 인사를 하고 있었습니다. 그 모습을 보고 '멋있다'고 생각한 나는 일본어 공부를 시작하기로 했습니다. 대학 입학 후 일본에서 유학을 온 유코를 만나 일본어로 이야기할 기회를 얻었기 때문에 더욱 일본어 공부가 잘 되어 갔습니다. 교과서 설명대로 얘기했는데 말이 통하지 않아서 힘들었던 적도 있습니다만, 지금은 유코와 일본어로 일상 회화가 가능합니다. 유코와 이야기하면서 일본어 농담을 이해했을 때는 '일본어를 공부하길 잘했다'고 생각합니다. 일본어를 더 잘하고 싶기 때문에 대학 졸업 전에 일본에 단기 유학을 가고 싶습니다.

5과

어휘 연습 ———————————————————————— p.59

정답

1 言^いわずに   2 何^{なん}とか[*]   3 平気^{へいき}に[*]

① 일기예보에서 오후부터 비가 온다고 했습니다.
② 워킹홀리데이 경험에 대해 선배가 많이 이야기해 주었다.
③ 발표 자료는 오늘 중으로 어떻게든 완성시키겠습니다.
④ 계속 찾고 있던 반지가 겨우 발견되었다.
⑤ 천둥이 치고 있는데도 형은 태연하게 밖을 걷고 있다.
⑥ 이 정도 상처라면 소독을 해 두면 괜찮습니다.

표현 · 문형 연습 ———————————————————————— p.60

정답

1 につき   2 ようとした

3 てたまらなかった   4 てみた

1   ① 지각 한 번당 500엔의 벌금을 받겠습니다.
     ② 이 퀴즈의 제한시간은 한 문제당 20초입니다.
     ③ 일본인의 한해 쌀 소비량은 1인당 약 50kg이다.
     ④ 잔업 수당을 계산하면 한 시간당 1,600엔이 된다.

2   ① 안 입게 된 옷을 버리려고 했는데 엄마가 말렸다.
     ② 그를 어디에서 만났는지 떠올리려고 해도 기억이 나지 않는다.
     ③ 졸업하면 일본 기업에서 일하려고 생각하고 있습니다.
     ④ 내일은 아침 일찍 일어나서 운동하려고 합니다.

③ ① 유학 온지 아직 2주밖에 안 지났는데 가족이 보고 싶어서 견딜 수 없습니다.

② 운동하고 땀 흘린 후 마시는 맥주는 너무 맛있다.

③ 같은 팀이 된 후 그가 나에 대해서 어떻게 생각하고 있는지 너무 신경 쓰인다.

④ 너무 긴장해서 마이크를 쥔 손이 떨려서 견딜 수가 없었다.

④ ① 이 피망은 안 쓰니까 한 입 먹어 보세요.

② 새로 발매된 화장품 샘플을 받아서 3일간 써 봤습니다.

③ 저는 진도 5의 지진을 경험해 본 적이 있습니다.

④ 아버지가 외교관이었기 때문에 저는 이집트에서 3년 정도 살아 본 적이 있습니다.

본문
p.64

초등학교 5학년 여름방학 때 나는 아버지와 둘이서 교토를 여행했다.

노선버스를 타고 가고 있는데, 하차하는 아이들이 운전기사에게 뭐라고 외치는 것이 신경 쓰였다. 노선버스에서 내릴 때 '에코 썸머'라고 말하면 어른 한 명당 초등학생 두 명까지 요금이 무료가 되는 캠페인을 하고 있었던 것이다. 나는 아무 말도 하지 않고 내리려고 했는데, 아버지는 그것을 허락하지 않으셨다. 아버지에게 몇 번이나 등을 떠밀려 아주 작은 목소리로 '에코 썸머'라고 말하고 간신히 버스에서 내렸다.

그때는 너무 창피했는데 한번 해 보니 아무렇지도 않았다. 그 다음부터는 일본 초등학생들 사이에 섞여서 '에코 썸머'를 외치면서 교토 거리를 자유롭게 이동했다. 일본 생활에 적응한 것 같아서 기뻤다.

✏ 본문 요약 모범 답안

① 京都の路線バスでは、降りる時に「エコサマー」と言うと料金が無料になる

キャンペーンをやっていた。

교토의 노선버스에서는 내릴 때 '에코 썸머'라고 말하면 요금이 무료가 되는 캠페인을 했었다.

② 最初に「エコサマー」と言った時はとても恥ずかしかったが、一度言ったら

平気になった。처음 '에코 썸머'라고 말했을 때는 너무 부끄러웠는데 한번 말했더니 아무렇지도 않았다.

③ 日本の小学生と同じように「エコサマー」と叫びながら京都の街を移動できた

ので、日本に溶け込めたような気がして嬉しかった。

일본 초등학생처럼 '에코 썸머'라고 외치면서 교토 거리를 이동할 수 있었기 때문에 일본 생활에 적응한 것 같아서 기뻤다.

'旅行の思い出'와 관련된 질문 ———————————— p.66

🔍 예시문

❶ 高校２年生の時の修学旅行について紹介したいです。

고등학교 2학년 때 갔던 수학여행에 대해 소개하고 싶습니다.

❷ 漢拏山に登ったことが印象に残っています。

한라산에 오른 것이 기억에 남습니다.

❸ 頂上まで行けるか不安でした。

정상까지 갈 수 있을지 불안했습니다.

❹ 途中で足が痛くなって、ついていけなくなりましたが、友達が励まして

くれました。

도중에 다리가 아파서 따라갈 수 없게 되었지만, 친구가 격려해 주었습니다.

❺ 友達のありがたさを実感して感動しました。

친구의 고마움을 실감하고 감동했습니다.

'旅行の思い出'와 관련된 작문 연습

高校２年生の５月に修学旅行で済州島に行った。中でも漢挐山に登ったことが印象に残っている。私は体力に自信がないので、出発前は頂上まで行けるかどうか不安でたまらなかった。登ってみると、初めは意外に歩きやすかった。でも、２時間ぐらいすると急に道が険しくなった。足が痛くなって、全体のペースについていけなくなった。迷惑をかけてしまうから、私は何度も登るのをやめようとした。でも、友達が「次の水飲み場まで頑張ろう」「ツツジが見えるところまで登ろう」と励ましてくれた。荷物を持ったりして助けてくれた。おかげで何とか頂上まで登ることができた。友達のありがたさを実感し、雄大な景色に感動した登山だった。

고등학교 2학년 5월에 수학여행으로 제주도에 갔었다. 여행 중 한라산을 등반한 것이 인상에 남아 있다. 나는 체력에 자신이 없기 때문에 출발 전에는 정상까지 갈 수 있을지 너무 불안했다. 올라 보니 처음에는 의외로 걷기 쉬웠다. 하지만 두 시간쯤 지나자 갑자기 길이 험해졌다. 다리가 아파서 일행의 속도를 따라갈 수 없게 되었다. 피해를 줄 수 있기 때문에 나는 몇 번이나 오르는 것을 그만두려고 했다. 하지만 친구가 "다음 음수대까지 힘내자", "진달래가 보이는 곳까지 올라가자"라고 격려해 주었다. 짐을 들어 주거나 하며 도와주었다. 덕분에 간신히 정상까지 올라갈 수 있었다. 친구의 고마움을 실감하고 웅대한 경치에 감동한 등산이었다.

6과

어휘 연습 ——————————————— p.71

정답

1 弾いて　　　2 習って　　　3 励まして*

① 바이올리니스트가 모차르트 곡을 켜고 있습니다.
② 목수가 망치로 못을 박고 있습니다.
③ 미술 학원에 다니며 그림 그리는 법을 배웁니다.
④ 기말시험이 있어서 밤늦게까지 공부합니다.
⑤ 실연한 친구를 위로합니다.
⑥ 관객석에서 야구 선수들을 응원한다.

표현·문형 연습 ——————————————— p.72

정답

1 こと　　　　　　　　　2 によると

3 おかげで

1 ① 지금까지 제일 기뻤던 일은 친구들이 나 몰래 생일을 축하해 준 것입니다.
② 정기적으로 운동하는 것은 건강을 유지하기 위해 매우 중요합니다.
③ 어른이 된 지금도 생각나는 것은 여름방학에 할머니 댁에 놀러 간 것입니다.
④ 엄마가 언제나 보는 것은 한류 스타가 출연하는 텔레비전 프로그램입니다.

2 ① 뉴스에 의하면 과학자가 새로운 발견을 했다고 합니다.
② 소문에 의하면 여기에는 유령이 나온다고 한다.
③ 이 도서관은 많은 사람의 기부에 의해 세워졌다.
④ 파일럿의 판단에 의해 사고를 피할 수 있었다.

① 인터넷 덕분에 많은 일이 가능해졌습니다.
② 그가 충고해 준 덕분에 성공할 수 있었습니다.
③ 덕분에 잘 지내고 있습니다.
④ 덕분에 무사히 퇴원할 수 있었습니다.

본문 ─────────────────────────────── p.76

내가 자랑스럽게 여기는 일은 초등학생 피아노 콩쿠르에서 우승한 것입니다. 나는 어렸을 때부터 피아노를 치고 있습니다. 엄마도 젊었을 때부터 피아노를 배우고 있어, 내가 태어났을 때에는 집에 피아노가 있었습니다. 엄마 이야기에 의하면 나는 그 피아노로 하루 종일 놀았다고 합니다.

피아노는 엄마한테도 배웠지만, 초등학생이 되고 나서는 근처에 있는 음악 학원에서 본격적으로 배웠습니다. 연습은 힘들었지만 선생님이 자상하고 항상 격려해 주셨기 때문에 피아노를 계속할 수 있었습니다. 선생님 덕분에 초등학교 6학년 때 콩쿠르에서 우승할 수 있어서 정말 기뻤습니다. 지금도 콩쿠르의 상장을 방에 걸어 두고 있습니다. 언젠가 아이들에게 피아노를 가르치는 일도 해 보고 싶습니다.

✏️ 본문 요약 모범 답안

1 私が自慢できることは小学生ピアノコンクールで優勝したことだ。

내가 자랑스럽게 여기는 일은 초등학생 피아노 콩쿠르에서 우승한 것이다.

2 母の話によると私はピアノで1日中、遊んでいたそうだ。

엄마 이야기에 의하면 나는 피아노로 하루 종일 놀았다고 한다.

3 先生のおかげで小学6年生の時に優勝することができた。

선생님 덕분에 초등학교 6학년 때 우승할 수 있었다.

'ちょっと自慢できること'와 관련된 질문 ———————————————— p.78

🔍 예시문

❶ 中学生の時、陸上競技大会で１位になったことです。

중학생 때 육상경기대회에서 1위를 한 것입니다.

❷ 一生懸命練習し、まじめに取り組んだからです。

열심히 연습하고 성실히 임했기 때문입니다.

❸ はい。子供の頃から足が速くて、あだ名は「いなづま」でした。

네. 어릴 때부터 발이 빨라서 별명이 '번개'였습니다.

❹ 今でも運動が好きで、ジョギングをしています。

지금도 운동을 좋아해서 조깅을 하고 있습니다.

❺ 来年からウェイトトレーニングを始めようと思います。

내년부터 웨이트 트레이닝을 시작하려고 합니다.

p.79

'ちょっと自慢できること'와 관련된 작문 연습

私が自慢できることは中学生の時に陸上競技大会の短距離走で1位になったことです。私は子供の頃から足が速くて、友達から「いなづま」というあだ名で呼ばれていました。私は覚えていませんが、父の話によると「チーター」というあだ名もあったそうです。中学生の時、体育の先生に陸上競技大会に出ることを勧められたので、出場することにしました。半年間、先生が熱心に指導してくれたおかげで、大会では1位になることができました。本当に嬉しかったことを今でも覚えています。高校生になって陸上競技は止めましたが、今も運動は好きで週末には必ずジョギングをします。来年からはウェイトトレーニングにも挑戦したいです。

내가 자랑스럽게 여기는 일은 중학생 때 육상경기대회의 단거리 달리기에서 1위를 한 것입니다. 나는 어릴 때부터 발이 빨라서 친구들한테 '번개'라는 별명으로 불렸습니다. 나는 기억하고 있지 않지만, 아버지 이야기에 의하면 '치타'라는 별명도 있었다고 합니다. 중학생 때 체육 선생님으로부터 육상경기대회에 나갈 것을 권유받아 출전했습니다. 반년간 선생님이 열심히 지도해 주었던 덕분에 대회에서는 1위가 될 수 있었습니다. 정말 기뻤던 것을 지금도 기억합니다. 고등학생이 되어 육상경기는 그만두었지만, 지금도 운동은 좋아해서 주말에는 꼭 조깅을 합니다. 내년부터는 웨이트 트레이닝에도 도전하고 싶습니다.

7과

어휘 연습 ──────────────────────────── p.83

정답

1 丈夫に[*]　**2** 自分　**3** 思って[*]

① 이 가방은 가볍고 튼튼한 소재로 만들어져 있습니다.
② 규칙적인 생활을 하고 나서부터 이전보다 건강해졌습니다.
③ 고도의 기술이 필요한 일은 지금 나에게는 무리다.
④ 그가 일으킨 문제이므로 그 자신이 해결해야 한다.
⑤ 일은 힘들지만 그만두고 싶다고 생각한 적은 한 번도 없습니다.
⑥ 초등학교 사회 수업에서 SNS 사용 방법에 대해 생각했습니다.

표현 · 문형 연습 ──────────────────────── p.84

정답

1 ことになっている　　　　**2** たびに

3 とともに　　　　　　　　**4** べきだ

❶　① 사원들이 순서대로 화장실을 청소하게 되어 있다.
　　② 고객의 개인정보는 공개할 수 없게 되어 있습니다.
　　③ 어두워지면 가로등이 켜지게 되어 있다.
　　④ 상자의 표시로 내용물을 알 수 있게 되어 있습니다.

❷　① 이 영화를 볼 때마다 같은 장면에서 울어 버린다.
　　② 이사할 때마다 새 가구를 사는 것은 아깝다.
　　③ 그룹별로 의견을 모아서 발표해 주세요.
　　④ 이 아르바이트는 일주일마다 근무시간이 바뀝니다.

❸ ① 같은 꿈을 가진 동료들과 함께 회사를 만들 생각이다.
   ② 전자메일 보급과 함께 편지를 쓸 기회가 적어졌다.
   ③ 어제 친구와 함께 커피숍에서 공부했다.
   ④ 이 약은 다른 약과 함께 먹지 마세요.

❹ ① 자신의 의견은 확실하게 말해야 합니다.
   ② 사람을 겉모습으로 판단해서는 안 된다.
   ③ 학점을 따기 위해서는 시험에 통과해야 한다.
   ④ 아직 일이 있기 때문에 오늘은 야근해야 합니다.

본문

p.88

　한국에는 생일에 미역국을 먹는 풍습이 있습니다.

　미역에는 뼈를 튼튼하게 하거나 피를 맑게 하는 성분이 많이 포함되어 있습니다. 옛날부터 한국에서는 출산 후 회복을 위해서 미역국을 먹어 왔습니다. 그래서 자기를 낳아 주신 어머니의 노고를 잊지 않기 위해서 생일에 미역국을 먹게 된 것입니다.

　저희 집에서는 생일에 미역국은 "낳아줘서 고마워요"라고 인사하고 나서 먹게 되어 있습니다. 생일 때마다 자기가 태어난 것에 감사할 수 있기 때문에 아주 좋은 것이라고 생각합니다. 시대가 변하면서 생일 축하 방식은 변할지도 모르지만, 이러한 미역국을 먹는 풍습은 소중히 여겨야 한다고 생각합니다.

✏️ 본문 요약 모범 답안

1 韓国では昔から産後の回復のためにわかめスープが食べられてきた。

한국에서는 예로부터 산후 회복을 위해서 미역국을 먹어 왔다.

2 自分を生んでくれた母親の苦労を忘れないために、韓国では誕生日にわかめスープを食べる。

자신을 낳아 주신 어머니의 노고를 잊지 않기 위해서 한국에서는 생일에 미역국을 먹는다.

3 誕生日のたびに自分が生まれたことに感謝できるので、わかめスープの風習はいいと思う。

생일 때마다 자신이 태어난 것에 감사할 수 있기 때문에 미역국을 먹는 풍습은 좋다고 생각한다.

p.90

'韓国の文化や風習'와 관련된 질문

🔍 예시문

❶ 100日目の記念日を大切にする風習を紹介します。

100일째 기념일을 소중히 여기는 풍습을 소개하겠습니다.

❷ 100は完成を意味する数字で、一つの節目になります。

100은 완성을 의미하는 숫자로 한 단락이 됩니다.

❸ 赤ちゃんの誕生から100日目のお祝いにパーティーをしたり、写真を撮ったり

します。

아기가 태어난 후 100일이 되는 날을 축하하는 파티를 하거나 사진을 찍거나 합니다.

❹ 誕生から100日目の記念写真が部屋に飾ってあります。

태어나서 100일째 찍은 기념사진이 방에 걸려 있습니다.

❺ 負担になるような豪華なイベントはするべきではないと思います。

부담이 되는 호화로운 이벤트는 하지 말아야 한다고 생각합니다.

p.91

'韓国の文化や風習'와 관련된 작문 연습

韓国には100日目の記念日を大切にする風習があります。100は完成を意味する数字なので、昔から一つの節目になると考えられてきたからです。伝統的なのは赤ちゃんの誕生から100日目のお祝いです。パーティーをしたり、記念写真を撮ったりします。私の部屋にもその時の写真が飾ってあります。

また、カップルは交際を始めてから100日ごとの記念日を大事にします。旅行に行ったり、プレゼントをしたりして、特別なイベントを行います。うっかり忘れないように記念日のたびに教えてくれるアプリもあります。

お祝いするのはいいですが、負担になるような豪華なイベントはするべきではないと思います。お互いに感謝することが重要だと思います。

한국에는 100일째 기념일을 중요시하는 풍습이 있습니다. 100은 완성을 의미하는 숫자이므로, 예로부터 한 단락이 된다고 생각해 왔기 때문입니다. 전통적인 것은 아기가 태어나서 100일째 되는 날을 축하하는 것입니다. 파티를 하거나 기념사진을 찍거나 합니다. 제 방에도 그때 사진이 걸려 있습니다.

또 커플은 교제를 시작한 후 100일마다 돌아오는 기념일을 중요하게 생각합니다. 여행을 가거나 선물을 하거나 하는 특별한 이벤트를 합니다. 깜빡하고 잊어버리지 않도록 기념일마다 알려 주는 앱도 있습니다.

축하하는 것은 좋지만, 부담이 되는 호화로운 이벤트는 하지 않는 것이 좋다고 생각합니다. 서로에게 감사하는 것이 중요하다고 생각합니다.

8과

어휘 연습 ──────────────────────── p.95

정답

① 入れて　　② 詰めて　　③ 多くの

① 게임 종료 직전에 축구공이 골대에 들어갔습니다.
② 쓴 것을 싫어해서 항상 커피에 우유를 넣어서 마십니다.
③ 매일 아침 아이의 도시락에 반찬을 넣습니다.
④ 가방이 작아서 짐을 밀어 넣지 않으면 안 됩니다.
⑤ 날씨가 좋아서 오늘 축제에는 많은 사람이 방문합니다.
⑥ 오늘은 근처에서 축제가 열리니까 사람이 많습니다.

표현 · 문형 연습 ──────────────────────── p.96

정답

① おそれ　　　　　　② あります

③ わけ　　　　　　　④ てばかり

1　① 여기는 폭우가 내리면 산사태가 일어날 우려가 있습니다.
　　② 내일 아침 태풍이 상륙할 우려가 있습니다.
　　③ 이 새로운 약으로 병이 나을 가능성이 있습니다.
　　④ 자녀 수의 감소는 심각한 사회문제를 일으킬 가능성이 있습니다.

2　① 방에 바람이 들어가도록 창문을 열어 놓았습니다.
　　② 게시판에 주의사항이 쓰여 있습니다.
　　③ 상사의 지시를 잊지 않도록 메모해 둡니다.
　　④ 다음 주 크리스마스를 위해 선물을 사 두겠습니다.

③
　① 오늘부터 선거운동이 시작된 모양입니다. 그래서 길거리가 시끄럽습니다.
　② 다이어트하려고 했는데, 1주일도 못했습니다. '작심삼일'인 셈입니다.
　③ 그런 얘기를 상냥한 기무라 씨는 (당연히) 말하지 않을 것입니다.
　④ 비즈니스 회의 시간을 지키지 않았다면 거래처도 화를 내는 것이 당연합니다.

④
　① 휴일에 우리 남편은 TV만 보고 있습니다.
　② 아들은 만화만 읽고 공부를 하지 않습니다.
　③ 일본에 온 지 얼마 안 됩니다. 3개월밖에 안 지났습니다.
　④ 작년에 막 이사 왔는데, 다시 이사하기로 했습니다.

본문
p.100

　7월이나 8월의 더운 계절에는 더위를 먹을 우려가 있습니다. 일본에는 '토왕의 축일'에 장어를 먹는 풍습이 있습니다. 이 시기에 한국에서는 '삼계탕'을 먹습니다. 보양을 위해 끓인 요리로 닭의 배 안에 찹쌀이나 대추 등이 들어 있습니다. '더운 시기에 뜨거운 것을 먹고 기운을 낸다'는 것입니다. 닭 한 마리 통째로 뚝배기라는 작은 항아리에 담아서, (삼계탕이) 식탁에 나옵니다. 먹을 때는 작은 접시에 닭고기를 꺼내 놓고 소금이나 후추를 찍어 먹습니다. 특히 '초복', '중복', '말복'이라는 특별한 날에는 많은 사람이 식당에 가서 삼계탕을 주문합니다. '더운 시기에 차가운 것만 계속 먹어서는 안 된다'는 생각이 있기 때문인 것 같습니다.

🖋 본문 요약 모범 답안

1 ７月や８月の暑い季節は夏バテするおそれがある。

7월이나 8월의 더운 계절에는 더위를 먹을 우려가 있다.

2 暑い時期に熱いものを食べて元気を出すというわけだ。

더운 시기에 뜨거운 것을 먹고 기운을 낸다는 것이다.

3 韓国には暑い時期に冷たい物を食べてばかりではいけないという考え方が

ある。

한국에는 더운 시기에 찬 것만 먹어서는 안 된다는 생각이 있다.

'季節を感じる食べ物'와 관련된 질문 ──────────── p.102

🔍 예시문

① パッピンスです。

팥빙수입니다.

② 日本の「かき氷」に似た食べ物です。

일본의 '가키고리'와 닮은 음식입니다.

③ 細かく削った氷の上にアイスクリームやあんこ、果物などが乗せてあって、

練乳がかけてあります。

곱게 간 얼음 위에 아이스크림이나 팥, 과일 등이 올려 있고 연유가 뿌려져 있습니다.

④ 暑い時期に食べます。冷たい物を食べて涼を取るというわけです

더운 시기에 먹습니다. 차가운 것을 먹고 시원함을 얻는다는 것입니다.

⑤ はい。子どもの頃、よく母にパッピンスを作ってもらいました。

네. 어렸을 때 자주 엄마가 팥빙수를 만들어 주셨습니다.

p.103

'季節を感じる食べ物'와 관련된 작문 연습

　韓国では日本の「かき氷」に似たパッピンスというものを食べます。細かく削った氷の上にあんこやアイスクリーム、果物などが乗せてあって、練乳がかけてある場合もあります。暑い時期になると、これを食べる人をよく見かけます。「パッピンスを食べながら涼を取ろう」というわけです。幼い頃、いつも私はねだってばかりいる子どもでした。おやつを食べる時もあれこれ食べたいと駄々をこねましたが、夏には母がよくパッピンスを作ってくれました。お店で食べるような見た目がきれいなパッピンスではありませんでしたが、本当にうれしかったことを今でも覚えています。おいしいので、ぜひ皆さんも食べてみてください。ただ、食べ過ぎはお腹を壊すおそれがあるので注意してください。

　한국에서는 일본의 '가키고리'와 닮은 팥빙수라는 것을 먹습니다. 곱게 간 얼음 위에 팥이나 아이스크림, 과일 등이 올려 있고 연유가 뿌려져 있는 경우도 있습니다. 더운 시기가 되면 이것을 먹는 사람을 자주 봅니다. '팥빙수를 먹으면서 시원함을 얻자'는 것입니다. 나는 어릴 적 항상 응석만 부리는 아이였습니다. 간식을 먹을 때도 이것저것 먹고 싶다고 떼를 썼는데, 여름에는 엄마가 자주 팥빙수를 만들어 주셨습니다. 가게에서 먹는 것 같은 보기 좋은 팥빙수는 아니었지만, 정말로 기뻤던 것을 지금도 기억하고 있습니다. 맛있으니까 꼭 여러분도 먹어 보세요. 단, 많이 먹으면 배탈이 날 우려가 있으니 주의해 주세요.

9과

어휘 연습
p.107

정답

1 打^うたれ   2 戦^{たたか}い   3 燃^もやして

① 계단에서 넘어졌을 때 머리를 부딪히고 말았습니다.
② 어렸을 때는 자주 할머니 어깨를 두드려 드렸습니다.
③ 우리들은 결승전에서 브라질 팀과 싸우게 되었다.
④ 장난감을 서로 빼앗으며 아이들이 싸우고 있다.
⑤ 이 발전소에서는 천연가스를 태운 열로 전기를 만들고 있다.
⑥ 생선은 약한 불로 굽는 것이 맛있어진다.

표현 · 문형 연습
p.108

정답

1 きり   2 たがる

3 とおり   4 を通^{とお}して

❶ ① 이 제품은 개봉하면 그날 안에 다 써 주세요.
    ② 이 레스토랑은 다 못 먹은 음식을 가져갈 수 있습니다.
    ③ 가위를 다 쓰면 제자리에 가져다 놓으세요.
    ④ 아직 다 안 먹었는데 점원이 테이블을 치우기 시작했다.

❷ ① 고양이가 밖에 나가고 싶어서 창문 앞에서 울고 있다.
    ② 입사한지 한 달도 안 되었는데, 그녀는 회사를 그만두고 싶어한다.
    ③ 사람들은 모두 자신의 이야기를 누군가가 들어주기를 바란다.
    ④ 그 자료를 메일로 보내 주셨으면 하는데요.

③ ① 공장에서의 아르바이트는 소문대로 너무 힘들었다.

② 엄마가 가르쳐 준 대로 만들었는데 같은 맛이 나지 않았다.

③ 교육실습을 위해서 모교였던 중학교에 갔더니, 학교 건물은 옛날 그대로였다.

④ 에어컨을 켠 채로 잤더니 목이 아파졌습니다.

④ ① 나무를 치료하는 의사가 있다는 것을 이 영화를 통해 처음 알았습니다.

② 장학금 신청은 사무실을 통해서 해 주세요.

③ 상속 문제로 인해 형제 사이가 나빠지고 말았다.

④ AI를 도입함으로써 노동력 부족을 해결할 수 있을 것이다.

본문

p.113

저는 만화 「귀멸의 칼날」을 여러분들께 추천합니다. 읽기 시작했더니 멈출 수가 없게 되어 단 이틀 만에 23권 전권을 다 읽었습니다.

저는 주인공인 소년 가마도 단지로의 인간성에 감동을 받았습니다. 단지로는 여동생과 사람들을 구하기 위해 사람을 잡아먹는 귀신들과 싸웁니다. 자기만족을 위해서 강해지고 싶어 하는 것이 아니라 소중한 사람을 지키기 위해서 필사적으로 강해지려고 합니다. "사람은 마음이 원동력이기 때문에 마음은 어디까지나 강해질 수 있다"는 대사처럼 좌절할 것 같아도 자신을 격려하며 노력합니다. 그리고 강한 검객으로 성장해 갑니다.

저는 이 작품을 통해서 부드러운 것은 강하다는 것을 배웠습니다. 단지로의 말은 읽는 사람의 마음도 강하게 해 줍니다. 여러분들도 이 작품을 읽고 의지를 불태워 주세요.

✎ 본문 요약 모범 답안

1 私は漫画『鬼滅の刃』の全23巻をたった二日で読みきりました。

저는 만화 「귀멸의 칼날」 전 23권을 단 이틀 만에 다 읽었습니다.

2 主人公の炭治郎は大事な人を守るために必死で強くなろうとします。

주인공인 단지로는 소중한 사람을 지키기 위해 필사적으로 강해지려고 합니다.

3 私はこの作品から優しさは強さであることを学びました。

저는 이 작품에서 부드러움은 강하다는 것을 배웠습니다.

'私_{わたし}がお勧_{すす}めする作品_{さくひん}'과 관련된 질문 — p.115

🔍 예시문

❶ 『星_{ほし}の王子_{おうじ}さま』を勧_{すす}めたいです。

「어린왕자」를 추천하고 싶습니다.

❷ 大切_{たいせつ}な人_{ひと}のことを思_{おも}い出_だして心_{こころ}が温_{あたた}かくなります。

소중한 사람이 생각나서 마음이 따뜻해집니다.

❸ 主人公_{しゅじんこう}の王子_{おうじ}です。彼_{かれ}は本当_{ほんとう}に大切_{たいせつ}なことは心_{こころ}で感_{かん}じるしかないことを

知_しっています。

주인공인 어린왕자입니다. 그는 진정으로 소중한 것은 마음으로 느낄 수밖에 없다는 것을 알고 있습니다.

❹ この作品_{さくひん}を通_{とお}して、子供_{こども}のような心_{こころ}を持_もつことの大切_{たいせつ}さを学_{まな}びました。

이 작품을 통해서 어린이와 같은 마음을 갖는 것의 중요성을 배웠습니다.

❺ 内容_{ないよう}を忘_{わす}れてしまった人_{ひと}や、最後_{さいご}まで読_よみきったことがない人_{ひと}に勧_{すす}めたい

です。

내용을 잊어버린 사람이나 끝까지 다 읽은 적이 없는 사람에게 추천하고 싶습니다.

'私がお勧めする作品'과 관련된 작문 연습　　　　　p.116

　私は『星の王子さま』を皆さんにお勧めします。私はこの作品を読むたびに、大切な人のことを思い出して心が温かくなります。

　王子は小さな星から地球にやってきました。王子が旅の途中で出会ったのは、目に見えるものだけで判断したがる大人たちでした。でも、子供である王子は違います。きつねが教えてくれたとおり、本当に大切なことは心で感じるしかありません。王子はそれを知っています。私はこの本から子供のような心を持つことの大切さを学びました。

　内容を忘れてしまった人や、最後まで読みきったことがない人は、ぜひもう一度読んでみてください。そして、この物語を通して、いつの間にか失った大事なものを見つけてください。

　저는 「어린왕자」를 여러분들께 추천합니다. 저는 이 작품을 읽을 때마다 소중한 사람이 생각나서 마음이 따뜻해집니다.

　어린왕자는 작은 별에서 지구로 왔습니다. 어린왕자가 여행 중에 만난 것은 눈에 보이는 것만으로 판단하고 싶어 하는 어른들이었습니다. 하지만 아이인 어린왕자는 다릅니다. 여우가 가르쳐준 대로 정말 소중한 것은 마음으로 느낄 수밖에 없습니다. 어린왕자는 그것을 알고 있습니다. 저는 이 책에서 어린이와 같은 마음을 갖는 것의 중요성을 배웠습니다.

　내용을 잊어버린 사람이나 끝까지 다 읽은 적이 없는 사람은 꼭 다시 한 번 읽어 보세요. 그리고 이 이야기를 통해서 어느새인가 잃어버린 소중한 것을 찾아 보세요.

10과

어휘 연습 ─────────────────────────────── p.119

정답

① だけ　　　② 携わる*　　　③ にこだわり*

① 글자가 많은 책은 힘들어서 만화만 읽습니다.
② 만화만 읽지 말고 소설도 읽읍시다.
③ 나는 간병에 종사하는 일을 하고 있습니다.
④ 기자는 사건에 관련된 사람들을 취재했습니다.
⑤ 옷을 살 때는 소재와 디자인을 신경 씁니다.
⑥ 지갑의 돈을 걱정하면서 동료와 이자카야에서 술을 마셨습니다.

표현·문형 연습 ─────────────────────────── p.120

정답

① 代わりに　　　　　② に関しては
③ 際　　　　　　　　④ たとえ / ても

1　① 알레르기가 있어서 우유 대신 두유를 마십니다.
　　② 알레르기가 있어서 우유를 마시는 대신 두유를 마십니다.
　　③ 사장님을 대신해서 부장님이 인사를 했습니다.
　　④ 스즈키 선생님을 대신해서 야마다 선생님이 수업을 했습니다.

2　① 컴퓨터에 관해서는 다나카 씨가 가장 잘 알고 있습니다.
　　② 이 문제에 관해서는 기무라 씨에게 묻는 것이 좋다고 생각합니다.
　　③ 프랑스 요리에 관해서는 그는 일류 셰프입니다.
　　④ 한국 영화에 관해서 그는 둘째가라면 서러울 정도로 잘 압니다.

③
① 행사장에 들어갈 때는 신분증을 보여 주세요.
② 비상시에는 여기서 대피해 주세요.
③ 밥을 먹을 때 '잘 먹겠습니다'라고 말합니다.
④ 지진 때에는 여기서 대피해 주세요.

④
① 설령 실패해도 도전을 포기해선 안 됩니다.
② 설령 누군가 와도 절대로 문을 열어 주지 마세요.
③ 아무리 불러도 대답이 없습니다.
④ 아무리 먹어도 살찌지 않는 그가 부럽습니다.

본문 ──────────────────────────── p.124

여러분은 보통 책과 전자 서적 중 어느 쪽을 읽나요?

최근에는 보통 책 대신에 전자 서적을 읽는 사람도 있습니다만, 나는 보통 책을 읽고 있습니다. 컴퓨터나 스마트폰, 태블릿 등을 나도 많이 이용하지만, 독서에 관해서는 아날로그가 좋다고 생각합니다. 책은 단지 정보를 전달하는 것만은 아닙니다. 책을 만들 때 제작에 종사하는 사람들은 여러 가지를 고려합니다. 책의 크기나 디자인, 종이의 재질 등 모든 것에 의도가 있습니다. 다시 말해서 종이책은 하나의 '작품'인 것입니다. 물론 전자 서적에도 장점은 많이 있을 것입니다. 하지만 설령 전자 서적이 더욱 보급된다고 해도 종이책은 없어지지 않을 것이라고 생각합니다.

✏ 본문 요약 모범 답안

1 最近は普通の本の代わりに電子書籍を読む人がいる。

최근에는 보통 책 대신에 전자 서적을 읽는 사람이 있다.

2 パソコンなどは利用するが、読書に関してはアナログがいいと思っている。

컴퓨터 등은 이용하지만, 독서에 관해서는 아날로그가 좋다고 생각한다.

3 たとえ電子書籍がもっと普及したとしても、紙の本はなくならないだろう。

설령 전자 서적이 더욱 보급된다고 해도 종이책은 사라지지 않을 것이다.

'アナログかデジタルか'와 관련된 질문 p.126

🔍 예시문

❶ はい、よく使います。特にスマートフォンをよく使います。

네, 자주 사용합니다. 특히 스마트폰을 많이 사용합니다.

❷ マンガや映画を見たり、決済をしたりする時にスマートフォンを使います。

만화나 영화를 보거나 결제를 하거나 할 때 스마트폰을 사용합니다.

❸ 写真を撮る時はアナログがいいと思います。

사진을 찍을 때는 아날로그가 좋다고 생각합니다.

❹ カメラを調整すれば、いろいろな味わいの写真を撮ることができるからです。

카메라를 조절하면 다양한 느낌의 사진을 찍을 수 있기 때문입니다.

❺ いいえ、デジタル技術がもっと進んだとしてもアナログ技術がなくなることは

ないと思います。

아니오, 디지털 기술이 더욱 발전한다고 해도 아날로그 기술이 사라지는 일은 없을 것입니다.

'アナログかデジタルか'와 관련된 작문 연습 ——— p.127

私の趣味は写真を撮ることです。私は毎日、マンガや映画を見たり、スマート決済をしたりするのでスマートフォンが欠かせません。でも、写真を撮ることに関しては別です。写真の撮影はスマートフォンの代わりに必ずフィルムカメラを使います。フィルムカメラはレンズを変えたりピントを調節したりすれば、いろいろな味わいの写真を撮れる点が魅力です。また、現像をする際、どんな写真ができるのかわくわくできる点も魅力の一つだと思います。スマートフォンのカメラは誰もが簡単に素敵な写真を撮ることができる点が長所ですが、フィルムカメラにも長所がたくさんあります。デジタルカメラの技術がもっと進んでもフィルムカメラがなくなることはないでしょう。

내 취미는 사진을 찍는 것입니다. 나는 매일 만화나 영화를 보거나 스마트 결제를 하거나 하기 때문에 스마트폰은 필수입니다. 하지만 사진을 찍는 것에 관해서는 다릅니다. 사진 촬영은 스마트폰 대신에 반드시 필름 카메라를 사용합니다. 필름 카메라는 렌즈를 바꾸거나 초점을 조절하거나 하면 다양한 느낌의 사진을 찍을 수 있는 점이 매력입니다. 또한 현상을 할 때 어떤 사진이 나올지 두근두근 설레는 것도 매력 중 하나라고 생각합니다. 스마트폰 카메라는 누구나가 간단하게 멋진 사진을 찍을 수 있다는 점이 장점이지만, 필름 카메라에도 장점이 많이 있습니다. 디지털 카메라 기술이 더욱 발전해도 필름 카메라가 사라지는 일은 없을 것입니다.

11과

어휘 연습 ——————————————————————— p.131

정답

1 激(はげ)しく 2 人間(にんげん)* 3 職業(しょくぎょう)*

① 경쟁이 치열하기 때문에 음식점 경영은 힘들다.
② 이 세제를 사용하면 심한 오염도 간단하게 지울 수 있습니다.
③ 도구를 만들기 위해 도구를 사용하는 것은 인간뿐이다.
④ 나는 우유부단하기 때문에 남의 의견에 휘둘린다.
⑤ 아이들은 미래에 지금은 존재하지 않는 직업을 갖게 될지도 모른다.
⑥ 과장님은 일주일 치 일을 하루 만에 해치웠다.

표현 · 문형 연습 ——————————————————————— p.132

정답

1 だろう 2 について

3 ことはない 4 わけがない

1
① 아마 이런 기회는 두 번 다시 없을 것이다.
② 아마도 이 화석은 일본에서 가장 오래된 화석일 것이다.
③ 나는 머리 모양이나 복장은 개인의 자유라고 생각합니다.
④ 자신에게 맞지 않는다고 생각되면 그 일을 그만두는 것도 좋다고 생각합니다.

2
① 축제 기획에 관해서 반에서 이야기를 나누었다.
② 논문 작성 방법에 대해서 구체적인 예를 들어 설명하겠습니다.
③ 학생의 질문에 대해 선생님은 자세하게 대답했다.
④ 사실과 다른 엉터리 보도에 대해 강하게 항의하겠습니다.

❸ ① 한 번에 합격하는 것이 드문 일이니까 그렇게 실망할 필요는 없어.
② 전화하면 되는 일이기 때문에 일부러 갈 필요는 없다고 생각합니다.
③ 증상이 나타나지 않으면 약을 먹을 필요는 없습니다.
④ 주소에 변동이 없는 경우에는 이 서류를 제출할 필요는 없다.

❹ ① 고양이를 키워 보고 싶지만 엄마가 허락해 줄 리가 없다.
② 말싸움으로는 아내를 이길 수가 없습니다.
③ 진짜 다이아몬드가 이렇게 쌀 리가 없다.
④ 같은 가게에서 아르바이트를 했었기 때문에 그가 나를 모를 리가 없습니다.

본문

p.136

　나는 프로 선수를 목표로 고등학교 축구부에서 연습에 힘쓰고 있었다. 그런데 시합 중에 상대 선수와 심하게 부딪혀서 허리를 다치고 말았다. 의사로부터 축구를 계속하는 것은 무리일 것이라는 이야기를 듣고 눈앞이 캄캄해졌다.
　앞으로의 일에 대해서 담임 선생님께 상담을 하러 가니 선생님은 "너는 괜찮으니까 걱정할 필요는 없다"고 말씀해 주셨다. 그리고 스포츠 코치가 될 것을 권하셨다. 선수 경험이 없는 사람이 코치가 될 수 있을 리 없다고 생각했는데 그렇지 않았다. 선수의 능력을 최대한으로 끌어내는 코치라는 직업에 나는 매력을 느꼈다. 내가 지금 스포츠 심리학을 전공하고 있는 것은 그때 격려해 주신 선생님 덕분이다. 진심으로 감사하게 생각하고 있다.

✏ 본문 요약 모범 답안

1 私はプロ選手を目指していたが、腰を痛めてサッカーが続けられなくなった。

나는 프로 선수를 목표로 하고 있었지만, 허리를 다쳐서 축구를 계속할 수 없게 되었다.

2 担任の先生がスポーツコーチになることを勧めてくれた。

담임 선생님이 스포츠 코치가 될 것을 권해 주셨다.

3 コーチは選手の力を最大限に引き出す職業なので、私は魅力を感じた。

코치는 선수의 힘을 최대한으로 끌어내는 일이기 때문에 나는 매력을 느꼈다.

'私を支えてくれた人'와 관련된 질문 ─────────────── p.138

🔍 예시문

❶ 幼なじみのジンスです。

소꿉친구 진수입니다.

❷ みんなに漫画家になることを反対された時や、コンテストに落ちた時に
支えてくれました。

모두가 만화가가 되는 것을 반대했을 때나 콘테스트에 떨어졌을 때 지지해 주었습니다.

❸ 漫画家になることを応援してくれました。そして、コンテストに落ちた時に
励ましてくれました。

만화가가 되는 것을 응원해 주었습니다. 그리고 콘테스트에 떨어졌을 때 격려해 주었습니다.

❹ また漫画を描きたいと思いました。

다시 만화를 그리고 싶다고 생각했습니다.

❺ 本当にありがたいと思っています。

진심으로 감사하게 생각하고 있습니다.

私には漫画家になるという夢がある。両親からは「漫画なんかで食べていけるわけがない」と反対されている。周りの友達もプロになるのは無理だろうと言う。だが、幼なじみのジンスだけは私の夢を応援してくれている。

先日、私はある漫画のコンテストに応募した。もしかしたら入選するかもしれないと期待していた。しかし、原稿は厳しい批評のコメントとともに戻ってきた。やっぱり漫画家なんて無理かもしれないと落ち込んだ。しかし、ジンスはその原稿を読むとこう言ってくれた。「ああ、面白かった。気にすることないよ。やっぱり、お前の漫画は最高だ」。おかげで私はまた漫画を描きたいと思った。

ジンスは私の漫画の最高の読者だ。ジンス、いつもありがとう。

　　나에게는 만화가가 되는 꿈이 있다. 부모님은 "만화 같은 걸로는 먹고 살 수 없어"라고 반대하고 계신다. 주위의 친구들도 프로가 되는 것은 무리일 거라고 말한다. 하지만 소꿉친구인 진수만은 내 꿈을 응원해 주고 있다.
　　얼마 전에 나는 어느 만화 콘테스트에 응모했다. 어쩌면 입선할지도 모른다고 기대하고 있었다. 하지만 원고는 엄격한 비평 코멘트와 함께 돌아왔다. 역시 만화가 같은 건 무리일지도 모른다고 생각하고 우울해 했다. 하지만 진수는 그 원고를 읽고 이렇게 말해 주었다. "와, 재미있었어. 신경 쓸 거 없어. 역시 네 만화가 최고야." 덕분에 나는 다시 만화를 그리고 싶다고 생각했다.
　　진수는 내 만화의 최고 독자이다. 진수야, 항상 고마워.

12과

어휘 연습 ──────────────────────────── p.143

정답

① 聞き取れ　　② 覚え　　③ 持ち

① 목소리가 작아서 내용을 알아들을 수 없었습니다.
② 콘서트에 조금 늦어서, 처음 곡을 들을 수 없었습니다.
③ 어렸을 때는 인형으로 자주 놀았던 것을 기억하고 있습니다.
④ 내일은 시험이 있어서 영어 단어를 암기합니다.
⑤ 고등학교 때부터 일본어에 흥미를 가지게 되었습니다.
⑥ 학생의 흥미를 끌기 위해 영상 자료를 제공했다.

표현·문형 연습 ──────────────────────── p.144

정답

1 はじめ　　　　　　　2 ということ

3 といっても　　　　　4 さえ

1　① 최근 베트남을 비롯해, 인도네시아, 말레이시아 등에서 유학생이 증가하고 있다.
　　② 최○○ 선배를 비롯해, 많은 분께 신세를 졌습니다.
　　③ 우리 회사는 일본 과자를 비롯해, 여러 가지 일본 음식을 수입하고 있다.
　　④ 이번 스피치 대회에서는 한국을 비롯해, 10개국 학생이 참가하고 있다.

2　① 뉴스에 의하면 아프리카에서 전쟁이 발발했다고 합니다.
　　② 김○○ 씨는 도착이 조금 늦어질 것 같다고 합니다.
　　③ 우리 회사에 대한 은행 융자가 결정되었다고 합니다.
　　④ 정부가 내년부터 규제를 완화한다고 합니다.

3 ① ‘아리랑’이라고 해도 지역에 따라 멜로디가 조금씩 다릅니다.
② ‘맵다’라고 해도 고추의 맵기와 고추냉이의 맵기는 다릅니다.
③ 우리 회사로서도 이번 정부의 방침에는 찬성할 수 없습니다.
④ 여성으로서도 엄마로서도 그 정치가의 차별적 발언은 용서할 수 없었습니다.

4 ① 지갑 속에는 캔 주스를 살 돈조차 없었다.
② 의사조차 판단할 수 없는 감염증이 퍼지고 있습니다.
③ 지갑 속에는 캔 주스를 살 돈밖에 없었다.
④ 의사밖에 판단할 수 없는 감염증이 퍼지고 있습니다.

본문   p.148

  일본에 가면 오키나와 문화를 체험해 보고 싶습니다. 몇 년 전인가 오키나와에서 한국에 놀러 온 사람을 만난 적이 있습니다. 그 사람의 이야기로는 오키나와는 옛날 류큐 왕국이라는 한 나라였다고 합니다. 그렇기 때문에 ‘일본’이라고 해도 음식을 비롯해 주거, 풍습 등 여러 가지가 다른 지역과는 다르다고 합니다. 제주도 출신인 나는 오키나와라는 지역에 매우 흥미를 가졌습니다. 그 오키나와 사람이 몇 가지 단어를 알려 주었지만, ‘구와치-사비탕(잘 먹었습니다)’과 같은 간단한 인사조차 알아듣지 못했습니다. 제가 아는 일본어와는 전혀 다른 발음이었기 때문에 놀랐던 것을 기억하고 있습니다. 오키나와에서는 다른 지역과 어떻게 다른 말을 사용하고 있는지 현지에 가서 들어 보고 싶습니다.

✎ 본문 요약 모범 답안

1 沖縄は昔、琉球王国という一つの国だったということだ。

오키나와는 옛날 류큐 왕국이라는 한 나라였다고 한다.

2 「日本」といっても色々なものが他の地域とは違うと聞いて興味を持った。

일본이라고 해도 여러 가지가 다른 지역과는 다르다고 들어서 흥미를 가졌다.

3 沖縄の言葉は私が知っている日本語と全く異なる発音で、簡単な挨拶さえ聞き取れなかった。

오키나와의 말은 내가 아는 일본어와 전혀 다른 발음으로 간단한 인사조차 알아듣지 못했다.

부록

'日本で経験したいこと'와 관련된 질문　　　　　　　　　　　　　　p.150

🔍 예시문

❶ 日本に行ったら新幹線に乗って旅行してみたいです。

일본에 가면 신칸센을 타고 여행해 보고 싶습니다.

❷ 以前、日本に行った時は地下鉄にさえ乗ることができなかったからです。

이전에 일본에 갔을 때는 지하철조차 탈 수 없었기 때문입니다.

❸ 彼女と一緒に新幹線に乗ってみたいです。

여자 친구와 함께 신칸센을 타 보고 싶습니다.

❹ インターネットの情報によると、数日間、新幹線に乗り放題のチケットがある

ということです。

인터넷 정보에 의하면 며칠 동안 신칸센을 자유롭게 이용할 수 있는 승차권이 있다고 합니다.

❺ 「新幹線」といっても日本では地域によって車両の種類が異なります。

'신칸센'이라고 해도 일본에서는 지역에 따라 차량 종류가 다릅니다.

‘日本で経験したいこと’와 관련된 작문 연습 ——————— p.151

日本に行ったら新幹線に乗って旅行してみたいです。私の趣味は鉄道写真を撮ることで、鉄道に乗ることも大好きです。何年か前に仕事で日本に行きましたが、その時は時間がなくて地下鉄にさえ乗ることができませんでした。とても残念だったので、次回、日本に行った時は地下鉄はもちろん新幹線に必ず乗りたいと思っています。

インターネットの情報によると、数日間、新幹線が乗り放題になるチケットがあるということです。これを利用して彼女と東北地方や九州地方を旅行してみたいです。また、「新幹線」といっても地域によって車両のデザインが異なるので、色々な車種の新幹線に乗ってみたいです。

일본에 가면 신칸센을 타고 여행을 해 보고 싶습니다. 제 취미는 철도 사진을 찍는 것이고, 기차를 타는 것도 아주 좋아합니다. 몇 년 전에 일 때문에 일본에 갔습니다만, 그때는 시간이 없어서 지하철조차 탈 수 없었습니다. 매우 아쉬웠기 때문에 다음에 일본에 가면 지하철은 물론 신칸센을 꼭 타고 싶습니다.

인터넷 정보에 의하면 며칠 동안 신칸센을 자유롭게 이용할 수 있는 승차권이 있다고 합니다. 이것을 이용해 여자 친구와 도호쿠 지방이나 규슈 지방을 여행해 보고 싶습니다. 또한 '신칸센'이라고 해도 지역에 따라 차량의 디자인이 다르기 때문에 여러 가지 차종의 신칸센을 타 보고 싶습니다.

1과 어휘

焦る(あせる) 안달하다

演奏(えんそう) 연주

遠慮する(えんりょする) 사양하다

開花(かいか) 개화

改善(かいぜん) 개선

厳しい(きびしい) 심하다

暮らす(くらす) 생활하다

経営(けいえい) 경영

検索(けんさく) 검색

効果(こうか) 효과

作業(さぎょう) 작업

睡眠(すいみん) 수면

素早い(すばやい) 재빠르다 *

生徒(せいと) (중·고등)학생

退職(たいしょく) 퇴직

手軽に(てがるに) 손쉽게

得意(とくい) 능숙함

内緒(ないしょ) 비밀 *

苦手(にがて) 싫어함, 잘하지 못함

番組(ばんぐみ) (방송 등의) 프로그램

品質(ひんしつ) 품질

舞台(ぶたい) 무대

平年(へいねん) 평년

保障(ほしょう) 보장

魅力(みりょく) 매력

2과 어휘

愛用(あいよう) 애용

池(いけ) 연못 *

1周(いっしゅう) 일주 *

運動不足(うんどうぶそく) 운동 부족 *

解消(かいしょう) 해소

家電(かでん) 가전

辛子(からし) 겨자

組み立て式(くみたてしき) 조립식

欠航(けっこう) 결항

健康診断(けんこうしんだん) 건강 진단 *

ごまだれ 참깨 소스

壊す(こわす) 부수다

事前に(じぜんに) 사전에

初心者(しょしんしゃ) 초보자

接近(せっきん) 접근

宝物(たからもの) 보물

解き方(ときかた) 풀이 방법

独身(どくしん) 독신

取り戻す(とりもどす) 되찾다

眠る(ねむる) 잠들다

練る(ねる) 단련하다, (계획 등을) 다듬다

ほぐす 풀다

綿密に(めんみつに) 면밀하게

有酸素(ゆうさんそ) 유산소

輸出用(ゆしゅつよう) 수출용

湧く(わく) 솟아나다

* 표시는 부록의 예시문 및 작문연습에 있는 단어

3과 어휘

育児休業(いくじきゅうぎょう) 육아 휴직

石造り(いしづくり) 석조 *

運河(うんが) 운하 *

影響(えいきょう) 영향

訪れる(おとずれる) 찾아오다

オルゴール 오르골 *

鑑賞(かんしょう) 감상

機内(きない) 기내

魚介類(ぎょかいるい) 어패류

後悔(こうかい) 후회

構造(こうぞう) 구조

黒板(こくばん) 칠판

自給率(じきゅうりつ) 자급률

斜面(しゃめん) 경사면

渋滞(じゅうたい) 정체

食糧(しょくりょう) 식량

深刻(しんこく) 심각

全域(ぜんいき) 전(지)역

倉庫(そうこ) 창고 *

茶畑(ちゃばたけ) 차밭

都会(とかい) 도시

幅(はば) 폭

故郷(ふるさと) 고향

迷路(めいろ) 미로

幼児期(ようじき) 유아기

4과 어휘

意外に(いがいに) 의외로

思いやり(おもいやり) 배려

お礼(おれい) 감사 인사

開催(かいさい) 개최 *

経験(けいけん) 경험

決勝戦(けっしょうせん) 결승전

建設(けんせつ) 건설

洪水(こうずい) 홍수

賛成(さんせい) 찬성

敷地(しきち) 부지

過ごす(すごす) 지내다

澄む(すむ) 맑다

設置(せっち) 설치

短期(たんき) 단기 *

忠告(ちゅうこく) 충고

通学(つうがく) 통학

提出(ていしゅつ) 제출

懐かしい(なつかしい) 그립다

納豆(なっとう) 낫토

捗る(はかどる) 진척되다 *

発音(はつおん) 발음

引っ越す(ひっこす) 이사하다

間違う(まちがう) 틀리다

揺れる(ゆれる) 흔들리다

流暢な(りゅうちょうな) 유창한 *

5과 어휘

外交官(がいこうかん) 외교관

蚊(か) 모기

傷(きず) 상처

緊張(きんちょう) 긴장

化粧品(けしょうひん) 화장품

険しい(けわしい) 험악하다 *

混む(こむ) 붐비다

撮影(さつえい) 촬영

残業代(ざんぎょうだい) 잔업 수당

実感(じっかん) 실감 *

修学旅行(しゅうがくりょこう) 수학여행

消毒(しょうどく) 소독

消費量(しょうひりょう) 소비량

震度(しんど) 지진의 강도, 진도

選挙権(せんきょけん) 선거권

頂上(ちょうじょう) 정상 *

投票(とうひょう) 투표

溶け込む(とけこむ) 녹아들다

罰金(ばっきん) 벌금

平気(へいき) 태연함

迷惑(めいわく) 폐 *

雄大(ゆうだい) 웅대 *

路線バス(ろせんバス) 노선 버스

6과 어휘

維持(いじ) 유지

動かす(うごかす) 움직이다

噂(うわさ) 소문

幼い(おさない) 어리다

飾る(かざる) 장식하다

金槌(かなづち) 쇠망치

観客席(かんきゃくせき) 관객석

寄付(きふ) 기부

近所(きんじょ) 근처

合格(ごうかく) 합격

避ける(さける) 피하다

指導(しどう) 지도 *

自慢(じまん) 자랑

柔道(じゅうどう) 유도

出場(しゅつじょう) 출장 *

賞状(しょうじょう) 상장

退院(たいいん) 퇴원

短距離走(たんきょりそう) 단거리 달리기 *

内緒(ないしょ) 비밀

熱心(ねっしん) 열심 *

弾く(ひく) 치다

無事に(ぶじに) 무사히

本格的に(ほんかくてきに) 본격적으로

幽霊(ゆうれい) 유령

陸上競技(りくじょうぎょうぎ) 육상경기 *

7과 어휘

握手(あくしゅ) 악수

解決(かいけつ) 해결

街灯(がいとう) 가로등

技術(ぎじゅつ) 기술

苦労(くろう) 노고

血液(けつえき) 혈액

公開(こうかい) 공개

豪華(ごうか) 호화 *

交際(こうさい) 교제 *

高度(こうど) 고도

個人情報(こじんじょうほう) 개인 정보

自慢(じまん) 자랑

習慣(しゅうかん) 습관

順番に(じゅんばんに) 차례대로

成分(せいぶん) 성분

素材(そざい) 소재

組織(そしき) 조직

単位(たんい) 학점

積もる(つもる) 쌓이다

中身(なかみ) 내용물

判断(はんだん) 판단

風習(ふうしゅう) 풍습

普及(ふきゅう) 보급

節目(ふしめ) 단락 *

由来(ゆらい) 유래

様子(ようす) 상황

8과 어휘

一羽(いちわ) 한 마리

かき氷(かきごおり) 빙수 *

季節(きせつ) 계절

掲示板(けいじばん) 게시판

削る(けずる) 깍다 *

小皿(こざら) 작은 접시

胡椒(こしょう) 후추

時期(じき) 시기

実感(じっかん) 실감

食卓(しょくたく) 식탁

深刻(しんこく) 심각

勧める(すすめる) 권하다

選挙(せんきょ) 선거

駄々をこねる(だだをこねる) 떼를 쓰다 *

詰める(つめる) 채우다

土鍋(どなべ) 항아리냄비

取り出す(とりだす) 꺼내다

夏バテ(なつばて) 더위 먹음

乗せる(のせる) 싣다, 올리다 *

風習(ふうしゅう) 풍습

丸々(まるまる) 통째로

三日坊主(みっかぼうず) 작심삼일

礼儀正しい(れいぎただしい) 예의 바르다

練乳(れんにゅう) 연유 *

9과 어휘

開封(かいふう) 개봉

食う(くう) 먹다

決勝戦(けっしょうせん) 결승전

喧嘩(けんか) 싸움

剣士(けんし) 검객

校舎(こうしゃ) 학교 건물

染みる(しみる) 스며들다

締めつける(しめつける) 세게 조르다

奨学金(しょうがくきん) 장학금

接する(せっする) 접하다

相続(そうぞく) 상속

治療(ちりょう) 치료

導入(どうにゅう) 도입

鳴く(なく) (짐승 등이) 울다

人間性(にんげんせい) 인간성

呑む(のむ) 삼키다

励ます(はげます) 격려하다

発電所(はつでんしょ) 발전소

判断(はんだん) 판단 *

響く(ひびく) 울리다

漫画(まんが) 만화

見ごたえ(みごたえ) 볼 만한 가치

見事(みごと) 멋짐

名作(めいさく) 명작

物語(ものがたり) 이야기 *

辞める(やめる) 그만두다

弱火(よわび) 약불

10과 어휘

覚える(おぼえる) 암기하다

介護(かいご) 간병, 요양 보호

欠かす(かかす) 빠트리다 *

代わりに(かわりに) 대신에

決済(けっさい) 결제 *

現像(げんぞう) 현상 *

こだわる (나름의 규칙을 가지고) 신경쓰다

材質(ざいしつ) 재질

作品(さくひん) 작품

取材する(しゅざいする) 취재하다

スケジュール帳(すけじゅーるちょう) 다이어리

素材(そざい) 소재

退避する(たいひする) 물러나다

携わる(たずさわる) 관여하다

調節(ちょうせつ) 조절 *

挑戦(ちょうせん) 도전

豆乳(とうにゅう) 두유

同僚(どうりょう) 동료

読書(どくしょ) 독서

努力(どりょく) 노력

秒針(びょうしん) 초침

普及(ふきゅう) 보급

右に出る(みぎにでる) 능가하다

身分証(みぶんしょう) 신분증

魅力(みりょく) 매력 *

痛める(いためる) 다치다

応援(おうえん) 응원

応募(おうぼ) 응모 *

幼なじみ(おさななじみ) 소꿉친구

落ち込む(おちこむ) 우울해지다 *

化石(かせき) 화석

髪型(かみがた) 머리 모양

原稿(げんこう) 원고 *

最大限(さいだいげん) 최대한

支える(ささえる) 지지하다

指摘(してき) 지적

進路(しんろ) 진로

済む(すむ) 끝나다

担任(たんにん) 담임

読者(どくしゃ) 독자 *

入選(にゅうせん) 입선 *

引き出す(ひきだす) 끌어내다

批評(ひひょう) 비평 *

服装(ふくそう) 복장

報道(ほうどう) 보도

本物(ほんもの) 진짜

魅力(みりょく) 매력

優柔不断(ゆうじゅうふだん) 우유부단

挨拶(あいさつ) 인사

揚げ物(あげもの) 튀김

映像(えいぞう) 영상

王国(おうこく) 왕국

沖縄(おきなわ) 오키나와

驚く(おどろく) 놀라다

お祭り(おまつり) 축제

感染症(かんせんしょう) 감염증

緩和する(かんわする) 완화하다

聞き取れる(ききとれる) 알아들을 수 있다

規制(きせい) 규제

興味を持つ(きょうみをもつ) 흥미를 가지다

現地(げんち) 현지

異なる(ことなる) 다르다

差別的(さべつてき) 차별적

車種(しゃしゅ) 차종 *

新幹線(しんかんせん) 신칸센 *

数日間(すうじつかん) 수일간 *

政府(せいふ) 정부

戦争(せんそう) 전쟁

地域(ちいき) 지역

伝統的な(でんとうてきな) 전통적인

唐辛子(とうがらし) 고추

乗り放題(のりほうだい) 무제한 승차 *

広まる(ひろまる) 널리 퍼지다

勃発する(ぼっぱつする) 발발하다

融資(ゆうし) 융자

輸入(ゆにゅう) 수입

留学生(りゅうがくせい) 유학생

외국어 출판 40년의 신뢰
외국어 전문 출판 그룹
동양북스가 만드는 책은 다릅니다.

40년의 쉼 없는 노력과 도전으로 책 만들기에 최선을 다해온 동양북스는
오늘도 미래의 가치에 투자하고 있습니다.
대한민국의 내일을 생각하는 도전 정신과 믿음으로 최선을 다하겠습니다.

📖 동양북스

📖 동양북스 추천 교재

일본어 교재의 최강자, 동양북스 추천 교재

회화 코스북

일본어뱅크 다이스키
STEP 1·2·3·4·5·6·7·8

일본어뱅크
좋아요 일본어 1·2·3·4·5·6

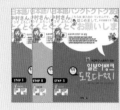

일본어뱅크 도모다찌
STEP 1·2·3

분야서

일본어뱅크
좋아요 일본어 독해 STEP 1·2

일본어뱅크
일본어 작문 초급

일본어뱅크
사진과 함께하는
일본 문화

일본어뱅크
항공 서비스 일본어

가장 쉬운 독학
일본어 현지회화

수험서

일취월장 JPT
독해·청해

일취월장 JPT
실전 모의고사 500·700

일단 합격하고 오겠습니다
JLPT 일본어능력시험
N1·N2·N3·N4·N5

일단 합격하고 오겠습니다
JLPT 일본어능력시험
실전모의고사 N1·N2·N3·N4/5

단어·한자

특허받은
일본어 한자 암기박사

일본어 상용한자 2136
이거 하나면 끝!

일본어뱅크
좋아요 일본어 한자

가장 쉬운 독학
일본어 단어장

일단 합격하고 오겠습니다
JLPT 일본어능력시험
단어장 N1·N2·N3

중국어 교재의 최강자, 동양북스 추천 교재

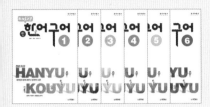

중국어뱅크 북경대학 신한어구어
1 · 2 · 3 · 4 · 5 · 6

중국어뱅크 스마트중국어
STEP 1 · 2 · 3 · 4

중국어뱅크 집중중국어
STEP 1 · 2 · 3 · 4

중국어뱅크
뉴! 버전업 사진으로
보고 배우는 중국문화

중국어뱅크
문화중국어 1 · 2

중국어뱅크
관광 중국어 1 · 2

중국어뱅크
여행실무 중국어

중국어뱅크
호텔 중국어

중국어뱅크
판매 중국어

중국어뱅크
항공 실무 중국어

정반합 新HSK
1급 · 2급 · 3급 · 4급 · 5급 · 6급

일단 합격 新HSK 한 권이면 끝
3급 · 4급 · 5급 · 6급

버전업! 新HSK
VOCA 5급 · 6급

가장 쉬운 독학
중국어 단어장

중국어뱅크
중국어 간체자 1000

특허받은
중국어 한자 암기박사

📖 동양북스 추천 교재

중고급 학습

첫걸음 끝내고 보는
프랑스어
중고급의 모든 것

첫걸음 끝내고 보는
스페인어
중고급의 모든 것

첫걸음 끝내고 보는
독일어
중고급의 모든 것

첫걸음 끝내고 보는
태국어
중고급의 모든 것

첫걸음 끝내고 보는
베트남어
중고급의 모든 것

단어장

버전업! 가장 쉬운
프랑스어 단어장

버전업! 가장 쉬운
스페인어 단어장

버전업! 가장 쉬운
독일어 단어장

가장 쉬운 독학
베트남어 단어장

여행 회화

NEW 후다닥
여행 중국어

NEW 후다닥
여행 일본어

NEW 후다닥
여행 영어

NEW 후다닥
여행 독일어

NEW 후다닥
여행 프랑스어

NEW 후다닥
여행 스페인어

NEW 후다닥
여행 베트남어

NEW 후다닥
여행 태국어

수험서 · 교재

한 권으로 끝내는 DELE
어휘·쓰기·관용구편 (B2~C1)

수능 기초 베트남어
한 권이면 끝!

버전업!
스마트 프랑스어

일단 합격하고 오겠습니다
독일어능력시험
A1 · A2 · B1 · B2